Geografía de la novela

Carlos Fuentes

Geografía de la novela

ALFAGUARA

© 1993, Carlos Fuentes
© De esta edición:
1993, Santillana, S. A.
Juan Bravo, 38. 28006 Madrid
Teléfono (91) 322 47 00
Telefax   (91) 322 47 71

• Aguilar, Altea, Taurus, Alfaguara S. A.
Beazley 3860. 1437 Buenos Aires
• Aguilar, Altea, Taurus, Alfaguara S. A. de C. V.
Avda. Universidad, 767, Col. del Valle,
México, D.F. C. P. 03100

ISBN:84-204-8119-X
Depósito legal: M. 30.471-1993
Diseño:
Proyecto de Enric Satué
© Ilustración de la cubierta:
Liliana Kancepolski

1003216896

PRIMERA EDICIÓN: SEPTIEMBRE 1993
SEGUNDA EDICIÓN: NOVIEMBRE 1993

A mi madre,
en el atardecer, en la aurora.

Índice

¿Ha muerto la novela?   11

Jorge Luis Borges:
La herida de Babel   41

Juan Goytisolo y el honor
de la novela   71

Augusto Roa Bastos:
El poder de la imaginación   91

Sergio Ramírez:
El derecho a la ficción   103

Héctor Aguilar Camín:
La verdad de la mentira   113

Milan Kundera:
El idilio secreto   125

György Konrád:
La ciudad en guerra   155

Julian Barnes:
Dos veces el sol   181

Artur Lundkvist:
La ficción poética   191

Italo Calvino:
El lector conoce el futuro   199

Salman Rushdie:
Una conclusión y una carta   207

Geografía de la novela   217

¿Ha muerto la novela?

I

Cuando yo empecé a publicar libros, en 1954, continuamente escuchaba unas ominosas palabras: «La novela ha muerto».

Lamento, profecía o lápida, esta sentencia no era la más propicia para animar a un novelista en ciernes.

Las razones que se nos daban a los escritores de mi generación eran, en primer lugar, que la novela, cuyo nombre proclama su función, ya no era, como en sus orígenes, la portadora de novedades. Lo que la novela decía —se nos dijo— era dicho ahora, de manera más veloz y más eficiente, y a un número inmensamente mayor de personas, por el cine, la televisión y el periodismo, o por la información histórica, psicológica, política y económica.

Los antiguos territorios de la novela habían sido anexados por el universo de la comunicación inmediata. La imaginación del mundo ya no acompañaba al novelista. El entusiasmo, la curiosidad, tampoco. Hace un siglo y medio, una muchedumbre se reunía en los muelles de Nueva York esperando que llegara la última entrega de la novela de Dickens *El almacén de las antigüedades*. Todos querían saber si uno de sus personajes centrales, la empalagosa Little Nell, había muerto o no. En nuestro tiempo, las multitudes se han desesperado por saber quién disparó contra J. R., el villano de la serie de televisión norteamericana *Dallas*. Más cerca de casa: *Simplemente María, Los ricos también lloran,* o como escribe Luis Rafael Sánchez, «el país en vilo por las vicisitudes de Marisela y Jorge Boscán».

George Orwell previó el uso de la información como tiranía. Aldous Huxley, mucho más ingenioso, anunció que la tiranía se impondría mediante el placer exacerbado de la diversión informativa sin límites. Pero en todo caso, la tiranía del placer, o la del dolor, llegarían sin letra: la era de Gutenberg había terminado. Sólo nos tocaba escoger una letra que, literalmente, con sangre entra, como en la pesadilla totalitaria de Franz Kafka, *La colonia penal,* o que, en vez de sangre, usa la burbuja del gas neón para proponernos, no la letra, sino lo que la letra anuncia: la diversión interminable como recompensa de lo que Baudrillard llama la explosión de la información junto con la implosión del significado.

La proliferación misma de la información nos invita a pensar que estamos supremamente bien informados, sin necesidad de un esfuerzo añadido de nuestra parte. La información nos llega. No necesitamos buscarla. Mucho menos, crearla.

Estos hechos no lograron, sin embargo, empañar la voluntad de escribir de mi generación. Más bien, nos obligaron a reflexionar que, si era cierto que nunca habíamos estado mejor informados, mejor comunicados o más instantáneamente relacionados, nunca, tampoco, nos habíamos sentido tan incompletos, tan apremiados, tan solos y, paradójicamente, más ayunos de información.

Yo guardo, entre mis recuerdos familiares, el de mi padre y mi abuelo, en la primera década de este siglo, esperando, puntual e impacientemente, la llegada, cada mes, del paquebote francés al puerto de Veracruz. Con él llegaban las novedades informativas, las revistas ilustradas europeas, así como las últimas novelas de Thomas Hardy, Paul Bourget y Anatole France.

No opino sobre los gustos literarios de mi abuelo. Simplemente hago notar el esfuerzo, la pausa impuesta, el afán de saber qué existía detrás de su impaciente ilusión mensual.

Él tenía que esforzarse por establecer una comunicación informativa entre las lejanas metrópolis (entonces lejanas, entonces metrópolis) de la cultura occidental y la excéntrica cultura en formación de las antiguas colonias. Entiendo y admito esto. Pero no dejo de respetar el deseo que animaba a esa pareja que para siempre me habita, mi abuelo detenido en el muelle, protegido por su *cannotier* contra el sol jarocho, con un bastón en una mano y mi padre niño de la otra, esperando una información que no les caería del cielo.

Hoy, en las rancherías del Estado de Veracruz abundan las antenas parabólicas que le ofrecen al más humilde ejidatario la libertad de escoger entre ochenta programas de televisión mundiales y un elenco femenino que va de la señora Thatcher a la Cicciolina. No voy a emplear este tiempo en discutir el bien o el mal que este hecho le reserva al cañero veracruzano, que a menudo tiene televisión pero no agua potable. Quiero, rápidamente, contrastar la facilidad y abundancia de la información y la miseria de la vida, con la abundante ignorancia que entre los países de la próspera y enlazada Comunidad Europea separa a las culturas: los ingleses desdeñan lo que se hace culturalmente en Francia, los franceses ignoran la cultura española, los españoles desconocen la cultura escandinava y los escandinavos poco saben del movimiento de la civilización italiana —salvo, quizá, el de la ya mentada pornodiputada—.

Hay información, hay datos, hay tópicos, hay imágenes asociadas a la violencia o al placer, al terrorismo o a la vacación, e incluso al terrorismo de las vacaciones o a las vacaciones del terrorismo. En cambio, hay poca imaginación. Los datos y las imágenes se suceden, abundantes, repetitivos, sin estructura ni permanencia. Sin embargo, ¿qué es la imaginación sino la transformación de la experiencia en conocimiento? y ¿no requiere esa transformación un tiempo, una pausa y un deseo: el tiempo de la pausa y el deseo de mi abuelo y mi padre, tomados de la mano en el muelle de Veracruz, en el año de 1909, «cuando era Dios omnipotente, y el señor don Porfirio, Presidente?»

Bastaría esta divertida ubicación de nuestro pasado prerrevolucionario hecha por Renato Leduc, para recordarnos que siempre ha existido, por fortuna para todos, una cultura popular y comercial, y que los escritores, por serlo y para serlo, siempre se han sentido solos, incompletos, enajenados —Catulo como Proust—, seducidos y abandonados por el contacto directo con el público —Flaubert y James y sus incursiones en el teatro—, quebrantados por su aislamiento —Poe— o alegremente desafiantes de las fuerzas de la publicidad y el dinero —Balzac—.

Hay dos rasgos, sin embargo, que distinguen a nuestro tiempo. El primero ha sido el totalitarismo nugatorio de la ilusión mayor del Occidente ilustrado: el sueño del triunfo permanente de la civilización, la perfectibilidad ilimitada de los seres humanos y la marcha irrefrenable del progreso. Auschwitz y el Gulag mataron esa ilusión. Pero desplazaron la tiranía moderna de sus signos más obvios —Nuremberg, las suásticas, la dictadura del proletariado, el campo de concentración— a otros más sutiles.

El pensamiento posmodernista ha insistido en que la verdadera tiranía de nuestro tiempo es la alianza de la información y el poder, una alimentando la razón de ser del otro; ambos, simulacros —cito de vuelta a Baudrillard— en los que una circularidad masiva se instala, identificando al emisor con el receptor en una forma de comunicación irreversible, sin respuesta.

Lo que me importa señalar es que para muchos escritores de mi generación, enfrentados a esta constelación de hechos, unos más graves, otros más livianos, algunos consustanciales a la condición del escritor en sociedad, otros peligrosamente asociados a la violencia particular de nuestra época, el problema se desplazó de la pregunta «¿Ha muerto la novela?», a la pregunta «¿Qué puede decir la novela que no puede decirse de ninguna otra manera?».

Pues en toda circunstancia, por más que se diga, siempre es mucho más lo que *no* se dice. ¿Le toca al novelista decir lo que no dicen los medios de información? No es esta la fórmula adversaria que yo prefiero, pues a mí, ciertamente, no me anima ni el desprecio ni la aversión a los medios de información modernos, sino la preocupación acerca de su modo de empleo. Esto sí debe inquietarnos a todos y muy particularmente al escritor que vive en el tiempo lento, sedimentado, que la información feliz nos niega pero que la escritura y la lectura novelescas reclaman.

¿Puede la literatura oponerse, quizás a sabiendas de su fracaso, al proceso de des-historización y des-socialización del mundo en el que vivimos? ¿Vale la pena, por imposible que parezca, intentar múltiples proyectos de comunicación narrativa a fin de diseminar las excepciones a la tiranía circular y simulada de la información y el poder? ¿Puede la literatura contribuir, junto con los medios de información que pueden ser mejores y más libres, a un orden de socialización creciente, democrático, crítico, en el que la realidad de la cultura creada y portada por la sociedad determine la estructura de las instituciones que deberían estar al servicio de la sociedad y no al revés?

Tiempo. Tiempo y deseo. Pausa para transformar la información en experiencia y la experiencia en conocimiento. Tiempo para reparar el daño de la ambición, el uso cotidiano del poder, el olvido, el desdén. Tiempo para la imaginación. Tiempo para la vida y para la muerte. Antígona está sola, recuerda su hermana, María Zambrano. Necesita tiempo para vivir su muerte. Necesita tiempo para morir su vida.

Pues aunque no existiese una sola antena de televisión, un solo periódico, un solo historiador o un solo economista en el mundo, el autor de novelas continuaría enfrentándose al territorio de lo no-escrito, que siempre será, más allá de la abundancia o parquedad de la información cotidiana, infinitamente mayor que el territorio de lo escrito.

Lo sabía Tristram Shandy, cuyo problema era escribir diez veces más rápido de lo que había vivido y cien veces más rápido de lo que estaba viviendo a fin de admitir su vida en su obra: así, se condenaba a escribir como un esclavo y a dejar de vivir.

Pero lo sabe también cualquier ciudadano del mundo actual: Lo no dicho sobrepasa infinitamente a todo lo dicho o mal dicho en el discurso cotidiano de la información y de la política.

II

Lo cual me conduce, naturalmente, a la segunda parte de estas notas y a un regreso a la pregunta que muchos nos hacíamos en la década de los cincuenta: ¿Qué puede decir la novela que no puede decirse de otra manera?

En México, y no sé hasta qué grado, en Hispanoamérica, esta pregunta pasaba por nuestras posibles respuestas a tres exigencias simplistas, tres dicotomías innecesarias que, no obstante, se habían erigido en obstáculo dogmático contra la potencialidad misma de la novela.

1. Realismo contra fantasía y aun contra imaginación.

2. Nacionalismo contra cosmopolitismo.

3. Compromiso contra formalismo, artepurismo y otras formas de la irresponsabilidad literaria.

Disyuntivas engañosas, unidas por la facilidad, la coartada e, incluso, el chantaje político.

Eran parte del maniqueísmo ambiente de la época. Hoy, cuatro décadas más tarde, esas opciones, como tantas otras, se han desvanecido. Vale la pena plantearlas de nuevo, no sólo como acto de higiene literaria, sino también, por qué no, como exorcismo de obstáculos a la literatura que, sin embargo, no habría sido lo que fue sin la necesidad de vencerlos. Por eso las evoco hoy, al recordar algunos viejos textos escritos a partir de 1954 y *Los días enmascarados*.

Este primer libro de cuentos mío fue condenado por todas las razones implícitas en las conminaciones que he señalado. Era una fantasía: no era realista. Era cosmopolita: daba la espalda a la nación. Era irresponsable: no asumía un compromiso político o, más bien dicho, se burlaba de los dos bandos de la guerra fría y sus respectivas ideologías. Crimen: no se adhería, sin reservas, a unos u otros.

Pero mi segundo libro y primera novela, *La región más transparente*, fue acusado de exactamente lo contrario: era demasiado realista, crudo, violento. Hablaba de la nación, pero sólo para denigrarla. Y su compromiso político, revisionista y crítico, era contraproducente, por no decir contrarrevolucionario, pues al criticar a la Revolución Mexicana —escribió un político de izquierda latinoamericano que más tarde fue mi amigo— le daba yo armas a los yanquis y desanimaba el fervor revolucionario en el continente.

¡Dios mío!, me pregunté, ¿dónde está la verdad?

Mi temor, a nivel más personal e inmediato, era que semejantes demandas, excesivas, polarizadas y paradójicas, bien podían, y en muchos casos pudieron, paralizar a un joven escritor.

¿Cuántas veces, en nuestros países, la realidad más vasta, la que incluye no sólo al mundo objetivo, sino a la individualidad subjetiva y la individualidad colectiva, no fue sacrificada al documento chato, sin imaginación ni realidad —objetiva, subjetiva o colectiva— por miedo a la fantasía, el sueño, el delirio y otros pecados contra el canon realista? ¿Cuántas veces se entendió que el nacionalismo era una especie de calendario de fiestas patrias y ofrendas florales al pie de las estatuas, que no al pie de las letras, olvidando la saludable advertencia de Wole Soyinka: Ejercer la crítica de la nación es una forma de optimismo; sólo el silencio es pesimista; y la crítica, como la caridad, empieza por casa? ¿Cuántas veces, en fin, el compromiso político se entendió como triunfo fehaciente de las buenas intenciones? Bastaba una novela denunciando la opresión del minero boliviano para liberarlo a él y a todos los mineros del continente. Estos libros, por desgracia, no salvaron ni al minero —que sólo se salvará mediante la acción política— ni a la literatura —que sólo se salvó al unir la exigencia de la ciudad a la exigencia del arte—.

A los niveles más chuscos de estas demandas, la pregunta de un crítico estalinista francés, «¿Hay que quemar a Kafka?», era recibida con entusiastas asentimientos en México, donde Kafka, en cierto momento, se convirtió en sinónimo de «antirrealismo», hasta que un agudo político nacional hizo el favor de decirnos que Kafka, de haber sido mexicano, habría sido un escritor costumbrista.

Hoy, ¿quién duda que es el escritor más realista del siglo XX, el que con mayor imaginación, compromiso y verdad, describió la universalidad de la violencia como pasaporte sin fotografía de nuestro tiempo? La ley, la moral, la política, el desconcierto, la soledad, la pesadilla del siglo XX, están todos en este, el supuestamente irreal y fantástico Franz Kafka. Está también, por todo ello, no a pesar de ello, la esperanza. Pero dicha como advertencia trágica: Habrá mucha esperanza, pero no para nosotros. Europa, el mundo, lo saben.

No lo sabían los exigentes preceptores de los años cincuenta. Heredaban, a veces de buena, pero a veces de mala fe, un fatigado canon filantrópico. La exigencia realista nos decía que la novela debía ser el reflejo fiel de una supuesta realidad que, de serlo, debería bastarse a sí misma sin necesidad alguna de libros. La exigencia progresista proponía que el arte debería avanzar junto con el progreso de la sociedad, la política, las ideas y el desarrollo material. La literatura habría de ser el postre de un banquete de *anagnórisis*, buenos sentimientos, grandes ilusiones respecto al futuro y promesas de felicidad en la historia. Los grandes novelistas del siglo XIX, está de más decirlo, siempre frustraron este programa bienhechor. Más que nadie, Dostoievski.

Pero cuando la felicidad y el futuro demostraron que muy pocas cosas aseguraban su unión, y la identidad del progreso y la historia fue destruida en el siglo XX, por una violencia sin cuartel ni distinción nacional, las exigencias anteriores fueron sustituidas por tres nuevas demandas.

Una, violencia acumulada sobre violencia, exigió a la novela someterse a una ideología política y servir como medio para los fines totalitarios. Otra, en el extremo opuesto de la frivolidad, consignó a la novela la función de entretener, de alimentar a lo que Wright Mills llamó «the cheerful robot», el alegre robot de la sociedad consumista, dispuesto a morirse de la risa, a divertirse hasta la muerte. En fin, corriendo el riesgo del nihilismo, una tercera posición se atrevió a mirar el rostro de la novela y encontró en él un espejo vacío: la nada. El sujeto era un espacio vacío. «Yo no existo», dice el personaje de Beckett. «El hecho es evidente».

Gaston Bachelard había notado ya la exigencia filosófica, política o social de que la literatura sea otra cosa y no literatura. Esta exigencia se manifiesta con premuras similares a la de los medios de información, pues consiste en demandar que la literatura, directa, inmediatamente, se convierta en información. ¿Por qué esta exigencia? Bachelard ve en ella un homenaje a la literatura. Ciencia, filosofía, política, ética, información, son posibles, en un sentido original y profundo, gracias a la palabra. La literatura es un arte, pero también una función, situados en el origen del ser parlante, donde la ciencia, la filosofía, la política y la información se vuelven posibles. De allí, concluye Bachelard, la exigencia excesiva y permanente de que la literatura sea otra cosa y esa cosa compruebe que es real.

Marx, que no era un marxista, hizo notar «la relación desigual entre el desarrollo de la producción material... y el de la producción artística», pero no le dio respuesta a su propia pregunta: «¿Por qué puede una obra proporcionarnos un placer estético si como mero reflejo de una forma social hace tiempo superada, sólo puede servir al interés del historiador?»

En nuestro tiempo el filósofo checoslovaco Karel Kosic intentó contestar a esta interrogante argumentando que cada obra de arte «tiene un doble carácter dentro de su unidad indivisible». Es, por una parte, la expresión de la realidad. Pero, simultánea e inseparablemente, forma la realidad, ni antes de la obra, ni al lado de la obra, sino en la obra misma.

La obra de arte añade algo a la realidad que antes no estaba allí, y al hacerlo, forma la realidad, pero una realidad que no es, muchas veces, inmediatamente perceptible o material. Muchas veces, también la punta objetiva de la estrella de la realidad asoma, pero no así sus dos puntas subjetivas: la individual y la colectiva. Insisto en esta tercera dimensión de la literatura, la subjetividad colectiva, porque a menudo es la menos perceptible y sin embargo es la más dinámica: la punta donde nuestra subjetividad porta, encarna, nuestra colectividad, es decir, nuestra cultura.

La cárcel del realismo es que por sus rejas sólo vemos lo que ya conocemos. La libertad del arte consiste, en cambio, en enseñarnos lo que no sabemos. El escritor y el artista no saben: imaginan. Su aventura consiste en decir lo que ignoran. La imaginación es el nombre del conocimiento en literatura y en arte. Quien sólo acumula datos veristas, jamás podrá mostrarnos, como Cervantes o como Kafka, la realidad no visible y sin embargo tan real como el árbol, la máquina o el cuerpo.

La novela ni muestra ni demuestra al mundo, sino que añade algo al mundo. Crea complementos verbales del mundo. Y aunque siempre refleja el espíritu del tiempo, no es idéntica a él. Si la historia agotase el sentido de una novela, ésta se volvería ilegible con el paso del tiempo y la creciente palidez de los conflictos que animaron el momento en que la novela fue escrita. Si Dante fuese reducible a la lucha política entre güelfos y gibelinos, nadie lo leería hoy, salvo algunos historiadores. Pero también, si intentásemos una lectura puramente contextual de Kafka, tratando de entenderlo a partir de la relación con su padre, con el judaísmo, o con sus novias, nunca entenderíamos la literatura de Kafka, es decir, no lo que Kafka refleja, sino lo que Kafka añade.

Lo cierto es que el proceso de saturación de noticias quizás atentó contra la voz de la novela, pero acaso, también, contribuyó a darle una nueva voz a la novela. Abrió un nuevo capítulo de la historia de la novela: también inauguró una nueva geografía de la novela, disolviendo la frontera artificial entre «realismo» y «fantasía» y situando a los novelistas, más allá de sus nacionalidades, en la tierra común de la imaginación y la palabra.

Ni güelfos ni gibelinos, los ciudadanos de la nación de la novela han constituido, en contra de las previsiones sobre la muerte de la novela, una de las más brillantes constelaciones de todos los tiempos: trátese de William Styron, Joan Didion, Toni Morrison, Nadine Gordimer, V. S. Naipaul, Salman Rushdie y Julian Barnes en el dominio de la lengua inglesa; Gabriel García Márquez, Juan Goytisolo, Mario Vargas Llosa, Fernando del Paso o Julián Ríos en la lengua española; o, en Europa, Italo Calvino, Milan Kundera, Gunter Grass, Thomas Bernhard y György Konrád; en África, Naguib Mahfouz, Sonallah Ibrahim, Chinua Achebe, o Breyten Breytenbach, y en Asia, Kobo Abe, Anita Desai o Bei Dao.

A través de todos ellos, la novela se ofrece como hecho perpetuamente potencial, inconcluso: la novela como posibilidad pero también como inminencia: la novela como creadora de realidad. La pugna acerca de lo real ha sido superada poéticamente —es decir, en la práctica misma de la literatura—. *Cien años de soledad* o *Reivindicación del conde don Julián* asumen la realidad visible pero constituyen una nueva realidad, invisible antes de ser escrita.

En esa tierra común de la novela, se disuelven también las otras dicotomías constrictivas de los años cincuenta. Nadie, por ejemplo, lee a García Márquez o a Kundera en virtud de sus nacionalidades, sino en razón de la comunicabilidad de sus lenguajes y de la calidad de sus imaginaciones.

La universalidad de la novela contemporánea ha sido alentada por dos pérdidas. La primera es la del concepto de la naturaleza humana como universalidad propuesta y portada, sin embargo, sólo por una clase y una región de la humanidad: la clase media ilustrada europea. Cuando David Hume alegó que «nuestras facultades racionales, nuestros gustos y sentimientos, son perfectamente uniformes e invariables», convocó lo mismo que negaba su aserto: el concepto contrario, propuesto por Vico, de la variedad histórica y el pluralismo cultural. Nuestro mundo actual, multirracial y policultural, particulariza lo que en el siglo XVIII era universal —la razón y la clase ilustradas de Europa—, pero le otorga la universalidad pluralista a todos los hombres y mujeres, europeos, asiáticos, africanos y americanos.

De allí la segunda pérdida. Si Herder pensó que la vida histórica sólo podía darse en Europa, hoy resulta patente que ya no existen culturas metropolitanas y mucho menos culturas homogéneas. La historia se ha vuelto universal, sólo porque se ha vuelto concreta, y al no haber centralismos, todos somos excéntricos, que es, quizás, la única manera actual de ser universal.

Es natural, por todo esto, que la reacción nacionalista, en México o Argentina, en Nigeria o la India, haya exigido al novelista alianzas superficiales con la identidad nacional que poco o nada tenían que ver con la literatura. Un crítico mexicano de los años cincuenta declaró que leer a Proust era proustituirse. Por fortuna, toda una generación contemporánea, que incluye a Borges y a Reyes, a Lezama, a Paz y a Cortázar, nos enseñó, según la breve y afortunada fórmula de Reyes, que sólo se puede ser provechosamente nacional siendo generosamente universal. Es más, dijo también don Alfonso: la literatura mexicana será buena porque es literatura, no porque es mexicana.

De nueva cuenta, ¿qué le proporciona un escritor a su nación, sino lo mismo que se exige a sí mismo: imaginación y lenguaje? ¿Puede una nación existir sin una u otro? Demasiados ejemplos del siglo XX nos demuestran que no. Naciones enteras han perdido el habla cuando sus escritores han desaparecido. Y al perder el habla, han perdido la imaginación: las razones políticas que suprimieron la palabra terminaron, en medio del sonido y la furia, desprovistas de razón, legitimidad o eficacia, suprimiéndose a sí mismas. La Alemania nazi, la Unión Soviética y la Argentina de los generales son tres ejemplos que inmediatamente vienen a mi memoria. Hay muchos más en nuestro terrible siglo. Habrá muchos más en el siglo próximo: la historia no ha terminado, y el fin del comunismo no resuelve los problemas de la injusticia social ni asegura la coincidencia de las instituciones, la cultura y la democracia política.

Pues la tercera falsa opción de los años cincuenta, la que oponía compromiso político a irresponsabilidad artística o formal, también sucumbió a las nuevas voces de la novela potencial. Por más que un novelista —pienso en Nadine Gordimer, en África del Sur, Achebe en el África Negra o György Konrád en Hungría— esté inmerso en una lucha política aguda, su compromiso carece de importancia literaria si no llega acompañado de imaginación y lenguaje. Pero la ausencia de una militancia política no sustrae el valor social o político a una obra narrativa, pues ésta, mientras más valores literarios reúna, mejor cumple la función generosa que Milan Kundera le atribuye: redefinir perpetuamente a los seres humanos como problemas, en vez de entregarlos, mudos y atados de pies y manos, a las respuestas prefabricadas de la ideología.

Dicho de otro modo: el punto donde la novela concilia sus funciones estéticas y sociales se encuentra en el descubrimiento de lo invisible, de lo no dicho, de lo olvidado, de lo marginado, de lo perseguido, haciéndolo, además, no en necesaria consonancia, sino, muy probablemente, como excepción a los valores de la nación oficial, a las razones de la política reiterativa y aun al progreso como ascenso inevitable y descontado. Excepción, cuando no oposición. La coincidencia del escritor con la legitimación histórica del poder, que fue la norma de la antigüedad clásica y aun de ciertas modernidades progresistas, no será ya posible. Ha triunfado Don Quijote: Nunca más debe haber una sola voz o una sola lectura. La imaginación es real y sus lenguajes son múltiples. Ha triunfado *Ulises*, en su largo viaje de Troya a Dublín: El mundo cotidiano es desconocido; el mundo desconocido es cotidiano. La *Odisea* pasa por México y Buenos Aires.

La literatura de la América Española, literatura de La Mancha, novela impura, ficción mestiza, hubo de superar, para ser, los obstáculos del realismo chato, el nacionalismo conmemorativo y el compromiso dogmático. A partir de Borges, Asturias, Carpentier, Rulfo y Onetti, la narrativa hispanoamericana se convirtió en violación del realismo y sus códigos. Se convirtió en creación de otra historia, que se manifiesta a través de la escritura individual pero que propone, al mismo tiempo, el proyecto de recreación de una comunidad dañada.

Este daño lo compartimos con el mundo moderno: en esta comunidad del daño se encuentra el origen de una novela como *Cambio de piel*. Lo señalo sólo para decir en seguida que, como mis demás obras, esta es incomprensible fuera de su relación con las otras novelas hispanoamericanas que la preceden y la siguen. Yo no concibo a *La región más transparente*, que la precede, ni a *Cristóbal Nonato*, que la sigue, sin la compañía de *Rayuela*, la anti-ciudad verbal de Julio Cortázar.

Los escritores de Iberoamérica nos proponen una contribución propia de la literatura. El lenguaje es raíz de la esperanza. Traicionar al lenguaje es la sombra más larga de nuestra existencia. La utopía americana, creación del lenguaje, se fue a vivir a la mina y la hacienda, y de allí se trasladó a la villa miseria, la población cayampa y la ciudad perdida. Con ella, de la selva a la favela, de la mina a la chabola, han fluido una multitud de lenguajes, europeos, indios, negros, mulatos, mestizos.

La novela latinoamericana nos pide expandir estos lenguajes, todos ellos, liberándolos de la costumbre, el olvido o el silencio, transformándolos en metáforas inclusivas, dinámicas, que admitan todas nuestras formas verbales: impuras, barrocas, conflictivas, sincréticas, policulturales.

Esta exigencia, se ha convertido en parte de la tradición literaria hispanoamericana, de la *Residencia en la tierra* de Pablo Neruda cuando el poeta se detiene en frente a los aparadores de las zapaterías, entra a las peluquerías o nombra a la más humilde alcachofa, a Luis Rafael Sánchez, capturado en un embotellamiento de tránsito en San Juan mientras se dirige a una cita amorosa, y en vez se ve obligado a depender de la radio FM de su automóvil y su flujo interminable, heracliteano, de radionovelas y sones tropicales: *La guaracha del Macho Camacho*.

La relación novelesca entre la civilización y su ficción pueden provenir de una presencia tan material y directa como las de Arturo Azuela, Gustavo Sáinz y José Agustín, o de una ausencia tan física como las de Héctor Libertella o César Aira, tan metafísica y sin embargo tan precisa como la de Bioy Casares, tan fantasmal como las de Juan Rulfo o José Bianco, tan mortal como las de Luisa Valenzuela u Osvaldo Soriano, tan dañada como la de Héctor Aguilar, tan llena de gracia como la de Ángeles Mastretta y de goce y gasto como la de Severo Sarduy, tan esperanzadamente crítica y creati-

va como las de Julio Cortázar, o tan creativamente
irónica como la de Alfredo Bryce Echenique, que
en un título suyo, *La vida exagerada de Martín Ro-
maña*, describe a la vez esta novela y muchas más,
esta vida y todas sus extensiones: Al traducir la
vida a novela, Bryce exagera, añade algo que quizás
la vida no deseaba, un suplemento de imaginación,
de lenguaje, que le resta a la biografía su cuota de sufi-
ciencia y la vuelve insuficiente sin su cuota de
exageración, mentira, verdad, potencialidad. La novela exagera: añade, extiende, dura y a veces perdura.

Por último, Luis Rafael Sánchez, escribiendo ejemplarmente desde donde la lengua es un acto
heroico de vindicación cotidiana, nos pide compartir la imaginación y el verbo novelescos como única
posibilidad de *ser* de una comunidad, Puerto Rico.
Su pasión *trivial* es su pasión *tribal*: En *La importancia de llamarse Daniel Santos*, Sánchez hace suyo
cuanto podría negarlo y negarnos: esa cultura
popular y comercial que, ya lo vemos, no nos amenaza si la incorporamos, como Luis Rafael, al apetito, a la erosión verbal: verbo erosionador o, si prefieren ustedes, verbo-eros-soñador.

De este modo, realismo, nacionalismo y compromiso pasaron por una crítica radical en México e
Hispanoamérica más que en otras partes. Y ello por
varios motivos. No sólo se habían erigido en dogmas. Como tales, nos habían demostrado su esterili-
dad poética. No tardarían en demostrar, también, su
engaño político. La exigencia de una sola realidad,
una sola versión de la nacionalidad o una sola verdad
política, hacían imposible una novela que ofreciese
las versiones alternativas, críticas, imaginativas, poé-
ticas, portadas, no por el estado, los medios de comu-

nicación o los partidos políticos (y los ideólogos de los tres), sino por una cultura nacional que aquéllos pretendían, en los años cincuenta (y aun hoy) definir en su propio provecho.

Los tres dogmas disminuían y aun eliminaban nuestras vidas. No cabía la realidad completa de Rulfo, Borges o Cortázar en un naturalismo de estirpe zolaesca. No cabía en un estrecho sudario nacionalista la nación de Antonio Skarmeta, José Donoso Juan José Saer o Martín Caparrós, para referirme sólo a los escritores de dos naciones —Chile y Argentina— particularmente dañadas, heridas por los que se decían a sí mismos «la nación» pero la negaban. Y no cabía nuestra cultura entera, india, negra y europea, española, judía y árabe, mediterránea, mestiza, mulata, en una simple opción de compromiso entre dos ideologías excluyentes de nosotros, dos bandos asesinos de nosotros, dos naciones igualmente devoradoras, sujetadoras, arrasadoras de lo que no era ellos y su cultura: los EE UU o la URSS. Guatemala y Chile, Hungría y Polonia, Cuba y Nicaragua, Checoslovaquia y Afganistán, fueron *el otro dispensable* de los EE UU y la URSS.

En México, ciertamente, los hechos de 1968 demostraron la distancia entre las instituciones objetivas y las subjetividades insatisfechas, plurales, bullentes, que ya no cabían en los cauces de aquéllas. Pero desde los años cincuenta, muchos escritores intentamos reemplazar el discurso oficial sobre la nación, burocrático y conmemorativo, por el relato imaginativo de la nacionalidad, que diese cabida a lo que el calendario de la nacionalidad olvidaba: la cultura inmensamente pluralista de un país como el mío, país donde coexisten tiempos históricos, memorias y quehaceres de variadísimo signo, proyectos latentes, sueños y pesadillas y un proyecto anti-autoritario en constante fricción con el gran descubrimiento, antes de la letra, verdaderamente profético, de la Revolución Mexicana: que la modernidad, incapaz de dar cuenta de su proyecto universalista de felicidad, conduce fatalmente al autoritarismo como vía expedita para darle bienestar a unos cuantos y mantener contentos, o al menos quietos, a casi todos.

Fue esta respuesta crítica a la exigencia nacionalista la que guió la escritura de *La muerte de Artemio Cruz*: La nación es más grande que su poder. Es su cultura, donde la verdadera nacionalidad se hace y se mantiene. Si en Latinoamérica no hay separatismos de tipo yugoslavo o soviético, es porque la nacionalidad de la diferencia se ha gestado en la creación de la cultura, por debajo y por encima del nacionalismo oficial, como un proyecto colectivo ininterrumpido. Pero todo nacionalismo, advierte Isaiah Berlin, es respuesta a una herida infligida a la sociedad. La novela latinoamericana, en este sentido, es la narración de una herida y la cicatriz de la misma.

Por lo demás, la patria que todos llevamos con nosotros se parece en nuestra intimidad más cursi, a la definición de Jorge Luis Borges:

Mi patria es un latido de guitarra, una promesa en oscuros ojos de niña, la oración evidente del sauzal en los atardeceres.

Cualquier resabio sentimental de estas palabras pronto es curado por el cálido rigor ático de ese cirujano extirpador de todas nuestras huachaferías, el gran José Emilio Pacheco, en el poema apropiadamente titulado *Alta traición*.

> *No amo a mi patria. Su fulgor abstracto es*
> *inasible.*
> *Pero (aunque suene mal) daría la vida*
> *por diez lugares suyos, ciertas gentes,*
> *puertos, bosques de pinos, fortalezas,*
> *una ciudad desecha, gris, monstruosa,*
> *varias figuras de su historia,*
> *montañas*
> *(y tres o cuatro ríos).*

III

¿Realismo? ¿No es más real Don Quijote que la mayor parte de los seres de carne y hueso? ¿Fantasía? ¿Hay realidad que no haya sido, primero, imaginada y deseada? ¿Arte comprometido? ¿Lo hay que no comprometa, más bien, a quien lo mira o lo lee? ¿Artepurismo? ¿Hay arte que no esté teñido, manchado, no por la amarilla noticia del día, sino por los colores de la exclusión y el olvido, el deseo y la memoria?

¿Es separable el contenido de una novela de la forma en que responde a la pregunta acerca de cómo traducir la experiencia de la realidad en formas específicas? ¿No es la historia de toda novela una *evocación* de la historia más que una *correspondencia* con la historia?

Este compromiso mayor de la novela —realidad imaginativa, narración de la nación de la sociedad y su cultura, compromiso de inventar verbalmente la segunda historia sin la cual la primera es ilegible— reclama, en primer lugar, un campo vastamente amplificado de recursos técnicos; en segundo término, una voluntad de apertura; y, terceramente, una conciencia de la relación entre creación y tradición.

Primero, amplificación técnica:

Para muchos de nosotros, la lectura de novelas como *Los sonámbulos* y *La muerte de Virgilio* nos dio, tempranamente, la pauta frente al coro que quería quemar a Kafka y protegernos contra la proustitución. Herman Broch integró en sus novelas narrativa, ensayo, filosofía, sociología, política y poesía, a fin de ensanchar las posibilidades de sus personajes, que así se convirtieron, no sólo en individuos singulares, sino en algo más: puentes históricos, portadores del tiempo, salvándose, de paso, de la mera nada a la cual el nihilismo de la decepción, al agotarse la novela realista tradicional, pudo conducirles. Broch nos enseñó a llenar el espacio vacío del yo descubierto por Kafka y confirmado por Beckett.

Nadie ha definido mejor, al nivel teórico, esta nueva fase de la novela que Mijail Bajtin. En una era de lenguajes conflictivos —información instantánea, sí, integración económica global también, mucha estadística y escaso conocimiento— la novela es, será y deberá ser uno de esos lenguajes. Pero sobre todo, deberá ser la arena donde todos ellos pueden darse cita. La novela no sólo como encuentro de personajes, sino como encuentro de lenguajes, de tiempos históricos distantes y de civilizaciones que, de otra manera, no tendrían oportunidad de relacionarse. Este fue el criterio que me guió, notablemente, en la redacción de *Terra Nostra*.

Segundo, voluntad de apertura: La literatura sólo puede estar constantemente en contacto con ese «origen del ser parlante» del cual habla Bachelard, si se mantiene abierta, no sólo al futuro, sino al pasado.

Abierta hacia el futuro. Obviamente, la novela siempre se ha dirigido al porvenir. Forma mutante, permeable, nómada, el desplazamiento es consustancial a la narrativa, de Odiseo a Don Quijote y a Lolita. La diferencia con la épica ha sido subrayada por Bajtin y Ortega: La épica trata de mundos concluidos, la novela de mundos que se están haciendo o por hacerse. La novela es la voz de un nuevo mundo en proceso de crearse. Esta noción dinámica de la novela es, por otra parte, idéntica a la naturaleza incompleta del género: Arena de lenguajes en la que nadie ha dicho la última palabra. La historia no ha concluido. El reino de la justicia aun no se alcanza.

La novela nos dice que aun *no somos*. Estamos *siendo*.

Siempre he concebido a la novela como un cruce de caminos entre el destino individual y el destino histórico de los seres humanos: *La muerte de Artemio Cruz* y *Gringo viejo* obedecen, notoriamente, a esta estética de la encrucijada en la que ninguna voz, ninguna persona, ningún tiempo, tiene el monopolio de la verdad o la posición privilegiada del discurso.

Pero otras de mis novelas, *Terra Nostra*, *Una familia lejana*, *La campaña*, más velozmente me conducen a la tercera propuesta de la relación entre tradición y creación. Abierta hacia el futuro, la novela exige, para serlo plenamente, idéntica *apertura hacia el pasado*. No hay futuro vivo con un pasado muerto. Pues el pasado no es la tradición rígida, sagrada, intocable invocada por los ayatolás para condenar a Salman Rushdie. Todo lo contrario: la tradición y el pasado sólo son reales cuando son tocados —y a veces avasallados— por la imaginación poética del presente.

Famosamente, Eliot imaginó en *La tradición y el talento individual* que el pasado es alterado por el presente tanto como el presente es dirigido por el pasado. Ello significa que la literatura nunca es un hecho establecido, ni siquiera un número de hechos, inscritos para siempre en los mármoles de la posteridad.

La literatura es un acontecimiento continuo en el que el pasado y el presente son constantemente modificados mediante interferencias mutuas. Ninguna obra literaria se encuentra determinada histórica o ideológicamente para siempre. Dejaría de ser legible. Sean cuales fuesen los hechos profundos o superficiales que rodearon a la creación de la obra —que cantó el gallo, que hirvió la tetera, que mi padre es tiránico, que mi madre es frívola, que mi patria está dividida, que no me gusta ir a misa los domingos, que voló la mosca— lo que cuenta es la continuidad de la obra como evento legible. O, mejor dicho: elegible.

La continuidad de la novela depende en gran medida, como lo ha indicado Hans Robert Jaus, de su receptividad, y ésta, también en gran medida, es obra de las interpretaciones que sufre, de la influencia que ejerce y del movimiento que genera y al que se sujeta. Pero lo es, sobre todo, de su apertura simultánea hacia el futuro y el pasado a través de la imaginación verbal.

¿Qué es entonces, aquello que la novela dice y que no puede decirse de ninguna otra manera? Esto, que Laurence Sterne e Italo Calvino, Denis Diderot y Milan Kundera, Miguel de Cervantes y Juan Goytisolo, supieron y saben perfectamente: La novela es una búsqueda verbal de lo que espera ser escrito. Pero no sólo lo que atañe a una realidad cuantificable, mensurable, conocida, visible, sino sobre todo lo que atañe a una realidad invisible, fugitiva, desconocida, caótica, marginada, y, a menudo, intolerable, engañosa y hasta desleal.

Por ejemplo: Condenar a Rushdie por blasfemia contra la fe musulmana, es perder por completo el significado de *Los versos satánicos*, una novela cuyo tema verdadero es el conflicto entre nosotros y *los otros* en un mundo de comunicación instantánea (la arena de lenguajes a la que hice referencia). En ella, dos actores hindúes, uno de los cuales todavía porta la máscara del dios elefante empleada en la película que realizaba en un estudio cinematográfico de Bombay, caen desde un *jet* en pleno vuelo a los brazos de Londres —esa ciudad vista en *El Aleph* de Borges como «un laberinto roto»—.

Los personajes de Rushdie, sin escalas, instantáneamente, protagonizan uno de los hechos más universales de la historia actual: la migración masiva de las ciudades hambrientas del Oriente y del Sur a las ciudades obesas del Occidente y del Norte. Aquí, descubren el hambre, secreta o evidente, que devora el corazón de todas las sociedades contemporáneas. Rushdie no hace sino afirmar la necesidad mutua de comprender y abrazar al inmigrante, con todo su conflictivo equipaje cultural de mitos, ritos, deseos, lastres, poesía y cursilería, drama y melodrama.

Este equipaje incluye, asimismo, los sueños y las pesadillas de la sacralidad, del dogma, de la religión. Ello es inevitable; pero también es parte del proceso, crítico, imaginativo e incluso humorístico, del inevitable encuentro con el Otro. En ese encuentro con el pasado de una cultura portada por un individuo, se definirá nuestro propio porvenir.

Esto necesitaba ser dicho, y lo está diciendo la novela de una manera que no podría ser dicha sino mediante este concepto amplio, conflictivo y generoso de la verbalidad narrativa que aquí he tratado de apuntar.

La relación con el pasado es fundamental en este proceso de novelar simplemente porque todos los nuevos novelistas que hoy he citado nos dicen lo que esperaba ser dicho, pero no sólo lo que es nuevo, como quería la vanguardia; no sólo lo que es real, ni lo que es políticamente correcto, o religiosamente aceptable, o nacionalmente glorificable, o sentimentalmente reconfortante. Sí, otra vez ha triunfado Don Quijote: Todo es relativo, y la novela proclama la universalidad de lo posible.

La literatura potencial y conflictiva de nuestro tiempo trata de darnos, pues, la parte no escrita o no leída del mundo. Pero, como lo dijo y comprendió supremamente Borges, las grandes obras del pasado son parte del futuro. Están siempre esperando ser leídas por la primera vez. *Don Quijote* o *Tristram Shandy* son novelas que aguardan a sus lectores porque, aunque fueron escritas en el pasado, fueron escritas para ser leídas en el presente.

La nueva novela, igualmente, nos dice que el pasado puede ser la novedad más grande de todas.

En su cuento *Pierre Menard, autor de Don Quijote*, Borges sugirió que una nueva lectura de un texto es también una nueva escritura de ese texto, que ahora espera en el anaquel, junto con todo lo ocurrido entre su primero y su próximo lector.

La literatura nos obliga a darnos cuenta de nuestra inmersión en el tiempo. Ha habido tiempos sin novelas, pero nunca ha habido una novela sin tiempo —una serie infinita de tiempos, escribe Borges en su cuento sobre el tiempo, *El jardín de senderos que se bifurcan*, «divergentes, convergentes y paralelos»—.

Estos son los tiempos del otro, incluyendo al otro que sólo lo es porque no hemos atendido la súplica de William Faulkner: «Todo es presente, ¿entiendes? Ayer no terminará sino mañana, y mañana empezó hace diez mil años».

Estos son los tiempos que hacen de cada conciencia individual la heredera y mantenedora de la tradición y la creación parejas: «No puedo moverme sin desalojar el peso de los siglos», escribe Virginia Woolf en un libro, *Las olas*, donde la novela recupera su radicalismo poético para decirnos que no hay tradición que sobreviva sin nueva creación que la aliente, pero tampoco hay creación que prospere sin una tradición en la cual radicarse.

El cruce de la novela potencial, crítica, omnívora que ha dado nueva vida a un género que se consideraba moribundo, se encuentra, acaso, en este mestizaje del tiempo con el acto de escribir, y del tiempo con el acto de leer.

El tiempo de la escritura es finito.

Pero el tiempo de la lectura es infinito.

Y así, el significado de un libro no está detrás de nosotros: su cara nos mira desde el porvenir.

Y cada uno de nosotros, como Pierre Menard, es el autor de *Don Quijote* porque cada lector crea la novela, traduciendo el acto finito pero potencial de la escritura en el acto infinito, pero radicalmente actual, de la lectura.

Más que una respuesta, la novela es una pregunta crítica acerca del mundo, pero también acerca de ella misma. La novela es, a la vez, arte del cuestionamiento y cuestionamiento del arte. No han inventado las sociedades humanas instrumento mejor o más completo de crítica global, creativa, interna y externa, objetiva y subjetiva, individual y colectiva, que el arte de la novela. Pues la novela es el arte que gana el derecho de criticar al mundo sólo si primero se critica a sí misma. Y lo hace con la más vulgar, gastada, común y corriente de las monedas: La verbalidad, que es de todos o no es de nadie.

Pregunta permanente: *¿Qué dice la novela?*, que no tiene, acaso, más respuesta que el frágil evento de la lectura. Respuesta vulnerable que se asimila a otra, paralela, aunque más ancha: ¿Qué es la libertad sino la búsqueda, quizás inalcanzable, de la libertad, que sólo se actualiza en la búsqueda misma?

Búsqueda de la novela, búsqueda de la segunda historia, del otro lenguaje, del conocimiento mediante la imaginación; búsqueda, en fin, del lector y de la lectura: Vicio impune, dijo Gide, admirador de las novelas que *crean* lectores.

Leer una novela: Acto amatorio, que nos enseña a querer mejor.

Y acto egoísta también, que nos enseña a tener conversaciones espléndidas con nosotros mismos.

Jorge Luis Borges: La herida de Babel

Crecí en la tensión entre las lenguas española e inglesa. El español era la lengua de mi familia mexicana. El inglés, la de mi escuela primaria en Washington, donde mi padre era consejero de la Embajada de México durante los años del Nuevo Trato. Pero el español, de nueva cuenta, era la lengua de mis estudios de verano en la Ciudad de México, a donde era enviado todos los años, al cuidado de mis abuelas, para que no olvidara el castellano. En el siguiente puesto diplomático de mi padre, Santiago de Chile, el español era la lengua tanto de la poesía como de la política, pero yo fui enviado a The Grange, uno de los grandes colegios ingleses de Chile. De un lado, Neruda y el Frente Popular; del otro, nuestra mini-Britannia escolar al pie de los Andes; gorras y corbatas institucionales, cricket y rugby, blazers, avena para el desayuno y noticias sobre las victorias de Montgomery en Noráfrica.

En 1943, mi padre fue trasladado a Buenos Aires con la misión poco envidiable de empujar a la junta militar argentina hacia la declaración de guerra contra el Eje. Misión imposible. Argentina sólo declaró la guerra la víspera de la victoria aliada en Europa, a fin de no quedarse fuera de las Naciones Unidas. Pero durante todo un año maravilloso, yo no fui a la escuela. Ello se debió a dos razones. Mi familia debía estar preparada para salir de la Argentina en cualquier momento. Y el novelista Hugo Wast, nombrado ministro de Educación por la junta, le había impuesto un sello fascista a la instrucción pública. Esto me pareció repelente: yo provenía del México de Cárdenas, los EE UU de Roosevelt y el Frente Popular chileno.

El coronel Perón, ministro del Trabajo, esperaba en las sombras, pero yo obtuve un año de gracia para pasearme en el sol y bajo las estrellas, por las calles de Buenos Aires, enamorarme de esa ciudad a la que quiero, quizás, más que a otra cualquiera, y enamorarme de lo que en ella encontré: el tango, las mujeres y Jorge Luis Borges.

Mi primer libro de Borges lo compré en la Librería El Ateneo en la calle de Florida, una librería olorosa a madera barnizada y piel de vaca, pues los editores argentinos a veces usaban a las reses como cobertura de sus libros. Mi vida cambió. Aquí estaba, al fin, la conjunción perfecta de mi imaginación y mi lengua, excluyente de cualquier otra lengua pero incluyente de todas las imaginaciones posibles. Leyendo sus cuentos, descubrí para mí mismo, mediante ese descubrimiento personal que ocurre con paralelismo a toda verdadera lectura, que el español era realmente mi lengua porque yo soñaba en español. Me di cuenta de que nunca había tenido (ni he tenido, ni tendré) un sueño en inglés.

A este descubrimiento siguió la convicción de que sólo podía amar en español (sin importar la lengua del ser amado: complicación inevitable) y finalmente, de que sólo podía insultar en español: los insultos en las demás lenguas me son indiferentes; en español, son como banderillas... Borges me dio mis sueños en castellano con una intensidad tal, y tan íntimamente asociada a Buenos Aires, sus calles, sus alarmas transitorias, su pulso de crucero, que en ese instante decidí las siguientes tres cosas:

Primero, que sería escritor en la lengua española, no sólo porque soñaba y mentaba madres y hacía el amor en español, sino porque Borges me hizo sentir que escribir en español era una aventura mayor, e incluso un mayor riesgo, que escribir en inglés. La razón es que el idioma inglés posee una tradición ininterrumpida, en tanto que el castellano sufre de un inmenso hiato entre el último gran poeta del Siglo de Oro, que fue una monja mexicana del siglo XVII, sor Juana Inés de la Cruz, y el siguiente gran poeta que fue un nicaragüense andariego de fines del siglo XIX, Rubén Darío; y una interrupción todavía mayor entre la más grande novela, la novela fundadora del Occidente, *Don Quijote*, publicada en 1605, y los siguientes grandes novelistas, Galdós y Clarín, en el siglo XIX.

Borges abolió las barreras de la comunicación entre las literaturas, enriqueció nuestro hogar lingüístico castellano con todas las tesorerías imaginables de la literatura de oriente y occidente, y nos permitió ir hacia adelante con un sentimiento de poseer más de lo que habíamos escrito, es decir, todo lo que habíamos leído, de Homero a Milton y a Joyce. Acaso todos, junto con Borges, eran el mismo vidente ciego.

Borges intentó una síntesis narrativa superior. En sus cuentos, la imaginación literaria se apropió todas las tradiciones culturales a fin de darnos el retrato más completo de todo lo que somos, gracias a la memoria presente de cuanto hemos sido. La herencia musulmana y judía de España, mutilada por el absolutismo monárquico y su doble legitimación, la fe cristiana y la pureza de la sangre, reaparecen, maravillosamente frescas y vitales, en las narraciones de Borges. Seguramente, yo no habría tenido la revelación, fraternal y temprana, de mi propia herencia sefardita y árabe, sin historias como *En busca de Averroes*, *El Zahir* y *El acercamiento a Al-Mutásim*.

Mi *segunda* decisión fue la de nunca conocer personalmente a Borges. Decidí cegarme a su presencia física porque quería mantener, a lo largo de mi vida, la sensación prístina de leerlo como escritor, no como contemporáneo, aunque nos separasen cuatro décadas entre cumpleaño y cumpleaño. Pero cuatro décadas, que no son nada en la literatura, sí son mucha vida. ¿Cómo envejecería Borges, tan bien como algunos, o tan mal como otros? A Borges yo lo quería sólo en sus libros, visible sólo en la invisibilidad de la página escrita, una página en blanco que cobraría visibilidad y vida sólo cuando yo leyese a Borges y me convirtiese en Borges...

Y mi *tercera* decisión fue que, una noche como ésta, me pondría de pie ante un público tan distinguido como el que hoy se reúne en la Sociedad Anglo Argentina de Londres, a fin de confesarle mi confusión al tener que escoger sólo uno o dos aspectos del más poliédrico de los escritores, consciente, como lo estamos ustedes y yo, de que al limitarme a un par de aspectos de su obra, por fuerza sacrificaré otros que, acaso, son más importantes. Aunque quizás pueda reconfortarnos la reflexión de Jacob Bronowsky sobre el ajedrez: Las movidas que imaginamos mentalmente y luego rechazamos, son parte integral del juego, tanto como las movidas que realmente llevamos a cabo. Creo que esto también es cierto de la lectura de Borges.

Pues en verdad, el repertorio borgiano de lo posible y lo imposible es tan vasto, que se podrían dar no una sino múltiples lecturas de cada posibilidad o imposibilidad de su canon.

Borges el escritor de literatura policiaca, en la cual el verdadero enigma es el trabajo mental del detective en contra de sí mismo, como si Poirot investigara a Poirot, o Sherlock Holmes descubriese que él es Moriarty.

Pero a su lado se encuentra *Borges el autor de historias fantásticas*, iluminadas por su celebrada opinión de que la teología es una rama de la literatura fantástica. Esta, por lo demás, sólo tiene cuatro temas posibles: la obra dentro de la obra; el viaje en el tiempo; el doble; y la invasión de la realidad por el sueño.

Lo cual me lleva a un Borges dividido entre cuatro:

1. *Borges el soñador* despierta y se da cuenta de que ha sido soñado por otro.

2. *Borges el metafísico* crea una metafísica personal cuya condición consiste en nunca degenerar en sistema.

3. *Borges el poeta* se asombra incesantemente ante el misterio del mundo, pero, irónicamente, se compromete en la inversión de lo misterioso (como un guante, como un globo), de acuerdo con la tradición de Quevedo: «Nada me asombra. El mundo me ha hechizado».

4. *Borges el autor de la obra dentro de la obra* es el autor de Pierre Menard que es el autor de Don Quijote que es el autor de Cervantes que es el autor

de Borges que es el autor de dos cuentos esenciales: El cuento del viaje en el Tiempo y el cuento del Doble.

Uno, *El viaje en el tiempo*, ocurre no en uno, sino en múltiples tiempos, el jardín de senderos que se bifurcan, «infinitas series de tiempo... una red creciente y vertiginosa de tiempos divergentes, convergentes y paralelos». Esa trama de tiempos que se aproximan, se bifurcan, se cortan o que secularmente se ignoran, abarca *todas* las posibilidades. «No existimos en la mayoría de esos tiempos; en algunos existe usted y no yo; en otros, yo, no usted; en otros, los dos...»

Y finalmente, el cuento del *doble*.

«Hace años —escribe Borges y acaso escribo yo— yo traté de librarme de él y pasé de las mitologías del arrabal a los juegos con el tiempo y con lo infinito, pero esos juegos son de Borges ahora y tendré que idear otras cosas», escribe él, escribo yo y escribimos los dos, Borges y yo, infinitamente: «No sé cuál de los dos escribe esta página».

Es cierto: cuando Borges escribe esta célebre página, *Borges y yo*, el otro Borges es otro autor —la tercera persona, él— pero también es otro lector —la primera persona, yo— y el apasionado producto de esta unión sagrada a veces, profana otras, eres Tú, Elector.

Extremos de América

De esta genealogía inmensamente rica de Borges como poeta, soñador, metafísico, doble, viajero temporal y poeta, escogeré para empezar el tema más humilde del libro, el pariente pobre de esta casa principesca: Borges el escritor argentino, Borges el escritor latinoamericano, Borges el escritor *urbano* latinoamericano. Ni lo traiciono ni lo reduzco. Estoy perfectamente consciente de que quizás otros asuntos son más importantes en su escritura que la cuestión de saber si en efecto es un escritor argentino, y de ser así, cómo y por qué.

En todo caso, quizá este arranque modesto sea la vía más segura para llegar al tema mayor de Borges: la defensa de la imaginación parcial contra el absolutismo filosófico.

Lo que propongo en este ensayo es un periplo que siga el del propio Borges, de su situación argentina, al descubrimiento, a través de ella, de la historia como ausencia, a la necesidad de imaginar esa ausencia mediante ficciones, a la elaboración de una aparente metafísica del relato que al cabo es herida por los accidentes de un lenguaje lúdico, humorístico, irónico, que impide al pensamiento instalarse, autoritariamente, como un absoluto.

De regreso a la tierra, Borges nos deja, así, un precioso instrumento relativista, de comunicación narrativa que llena tiempos y espacios de aquella ausencia, pero que también los hace compartibles por la presencia —abundante, excesiva, a veces barroca— de otras culturas del Nuevo Mundo.

Toda vez que se trata de un tema que preocupó al propio Borges (testigo: su célebre conferencia sobre *El escritor argentino y la tradición*) quisiera acercarme a Borges ahora que los linajes más virulentos del nacionalismo han sido eliminados del cuerpo literario de la América Latina, a través de unas palabras que él escribió hace unos cincuenta años: «Todo lo que hagamos con felicidad los escritores argentinos pertenecerá a la tradición argentina».

Junto con él, creo que lo mismo puede decirse de mi propia tradición mexicana. Pero ello me lleva, asimismo, a reflexionar brevemente sobre las diferencias entre nuestros dos países, México y Argentina, «extremos de América», para parafrasear a Daniel Cosío Villegas.

México me hace, como escritor, sentirme apoyado por la riqueza del pasado indígena y colonial. En México puedo evocar instantáneamente la pirámide de Chichén Itzá y los espantosos encantos de la diosa Coatlicue, junto con los esplendores barrocos de Santo Domingo en Oaxaca o El Rosario en Puebla.

En Argentina, circundado por la llanura chata e interminable, el escritor sólo puede evocar el solitario árbol del ombú. Borges inventa por ello un espacio, el Aleph, donde pueden verse, sin confundirse, «todos los lugares del orbe, vistos desde todos los ángulos».

Yo puedo hacer lo mismo en la capilla indobarroca de Tonantzintla, sin necesidad de escribir una línea.

Borges debe inventar el jardín de senderos que se bifurcan, donde el tiempo es una serie infinita de tiempos. Yo puedo mirar eternamente el calendario azteca en el Museo de Antropología de la Ciudad de México hasta convertirme en tiempo —pero no en literatura—.

Y sin embargo, a pesar de estas llamativas diferencias, los mexicanos y los argentinos compartimos, por lo menos, un lenguaje y un ser dividido, un doble dentro de cada nación o, para parafrasear a

Disraeli, las dos naciones dentro de cada nación latinoamericana y dentro de la sociedad latinoamericana en su conjunto, del río Bravo al estrecho de Magallanes.

Dos naciones, urbana y agraria, pero también real y legal. Y entre ambas, a horcajadas entre la nación real y la nación legal, la ciudad, partícipe así de la cultura urbana como de la agraria. Nuestras ciudades, compartiendo cada vez más los problemas de la modernidad crítica, pero intentando resolverlos con una imaginación literaria sumamente variada, de Gonzalo Celorio y Sealtiel Alatriste en México a Nélida Piñón en Brasil a Rafael Moreno Durán en Colombia a Antonio Skármeta en Chile a Héctor Libertella en Argentina.

Sin embargo, les ruego considerar que casi todos los proyectos de salvación del interior agrario —la segunda nación— han provenido de la primera nación y sus escritores urbanos, de Sarmiento en la Argentina a Da Cunha en Brasil a Gallegos en Venezuela. Cuando, contrariamente, tales proyectos han surgido, como alternativas auténticas, de la segunda nación profunda, la respuesta de la primera nación centralista ha sido la sangre y el asesinato, de la respuesta a Túpac Amaru en el Alto Perú en el siglo XVIII, a la respuesta a Emiliano Zapata en Morelos en el siglo XX.

Consideremos entonces a Borges como escritor urbano, más particularmente como escritor porteño, inscrito en la tradición de la literatura argentina. Es natural y paradójico que el país donde la novela urbana latinoamericana alcanza su grado narrativo más alto sea la Argentina. Obvio, natural y paradójico. Después de todo, Buenos Aires es la ciudad que casi no fue: el aborto virtual, seguido del renacimiento asombroso. Como lo relato en *El espejo enterrado*, la fundación original por Pedro de Mendoza en 1536 fue, como todos saben, un desastre que acabó en el hambre, la muerte y, dicen algunos, el canibalismo. El cadáver del fundador fue arrojado al Río de la Plata. La segunda fundación en 1580 por Juan de Garay le dio a la ciudad, en cambio, una función tan racional como insensata fue la primera. Ahora, la ciudad diseñada a escuadra se convirtió en centro ordenado de la burocracia y el comercio, eje del trato mercantil entre Europa y el interior de la América del Sur. ¿Dónde empieza la ciudad comercial y termina la ciudad caníbal? ¿Cuál es la frontera entre la razón y el sueño?

Buenos Aires es un lugar de encuentros. El inmigrante del interior llega buscando trabajo y fortuna, igual que el inmigrante de las fábricas y los campos de la Europa decimonónica. En 1869, Argentina tiene apenas dos millones de habitantes. Entre 1880 y 1905, casi tres millones de inmigrantes entran al país. En 1900, la tercera parte de la población de Buenos Aires ha nacido en el extranjero.

Pero una ciudad fundada dos veces debe tener un doble destino. Buenos Aires ha sido una ciudad de prosperidad y también de carencia, ciudad auténtica y ciudad enmascarada, que a veces sólo puede ser auténtica convirtiéndose en lo que imita: Europa. ¿Dónde termina la ciudad salvaje y empieza la urbe civilizada? ¿Cuál es la frontera entre Europa y América?

Y sobre todo, ciudad, simultáneamente, de poesía y de silencio. Dos inmensos silencios se dan cita en Buenos Aires. Uno es el de la pampa sin lími-

te, la visión del mundo a un perpetuo ángulo de 180°.
El otro silencio es el de los vastos espacios del océano
Atlántico. Su lugar de encuentro es la ciudad del Río
de la Plata, clamando, en medio de ambos silencios:
Por favor, verbalícenme. ¿Dónde termina el silencio,
dónde comienza la voz? Martín Fierro, Carlos Gardel,
Jorge Luis Borges son, todos ellos, respuestas a esta
pregunta, proyecto compartido de la nación agraria,
la nación urbana y las *orillas* de ambas.

Construida sobre el silencio, Buenos Aires
se convierte en una ciudad edificada también sobre
la ausencia, respondiendo al silencio pero fundada
en la ausencia. ¿Puede el lenguaje suplir la ausencia? Para responder, intentaré unir estos temas: ciudad, ausencia y lenguaje en la literatura argentina.

Desaparecidos

Buenos Aires ha sido (o parecido ser) la ciudad más acabada de la América Latina, la más consciente de su urbanidad, la ciudad más citadina de
todas, sobre todo si se le compara con el caos permanente de Caracas, la gangrena de Lima o la mancha
en expansión de México... Pero la idea misma de la
mancha nos remite a otra cosa que compartimos
mexicanos y argentinos: la lengua castellana, la lengua de La Mancha. Escritores en español, ciudadanos
de La Mancha, habitantes del reino de Cervantes,
todos somos escritores maculados y portamos las
manchas mestizas y migratorias de América, el continente donde todos llegamos de otra parte.

El viejo chiste dice que los mexicanos des-
cienden de los aztecas y los argentinos de los barcos

(otro chiste añade: Este hombre es guapo como un mexicano y modesto como un argentino). Pero la verdad de ambas bromas es que un mexicano no se asombra nunca de su pasado indígena, en tanto que un argentino se asombra menos de su descendencia italiana o española que de su ausencia indígena o, como lo escribe César Aira en su magistral novela *El vestido color de rosa*, «Los indios, bien mirados, eran pura ausencia, pero hecha de una calidad exclusiva de presencia. De ahí el miedo que provocaban».

La evidencia de la ciudad argentina en obras de diseño y temática clásicamente urbanos, como el *Adán Buenosayres* de Leopoldo Marechal, las novelas de Eduardo Mallea o los psicodramas coloridos y altamente evocadores de Ernesto Sábato, ofrecen menos contraste para entender la relación entre ciudad, historia y ficción, que otras obras argentinas marcadas por lo que yo llamaría una ausencia radical. Estas son visiones de una civilización ausente, capaces de evocar un devastador sentimiento de vacío, una suerte de fantasma paralelo que sólo habla en nombre de la ciudad a través de su espectro, su imposibilidad, su contrariedad. Buenos Aires, escribió Ezequiel Martínez Estrada, es la cabeza de Goliat con el cuerpo de David, que es la Argentina. Mucha ciudad, poca historia, ¿cuánta realidad?

Veamos las respuestas de dos o tres generaciones: La de los contemporáneos de Borges: Bioy Casares y Bianco; la de los escritores más jóvenes que sufrieron bajo las dictaduras recientes; y la de un escritor intermedio entre ambos, Julio Cortázar, antes de regresar a nuestro tema, Borges mismo.

Ya indicaba, en *Valiente Mundo Nuevo: Épica, utopía y mito en la novela hispanoamericana*, que en *La invención de Morel* Adolfo Bioy Casares presenta la ausencia mediante un artefacto mental o científico, un aparato implacable, una especie de máquina imposible, como en las caricaturas de Rube Goldberg, cuya dimensión metafísica, no obstante, es funcionar como una memoria de devastadores reconocimientos primigenios, aunque su función científica, acaso, sea la de predecir (en 1941) la holografía láser. Se trata, al cabo, del reconocimiento del otro, el compañero, el amante, el enemigo, o yo mismo, en el espejo de la invención. En *Sombras suele vestir* de José Bianco, la ausencia es una realidad paralela, espectral y profundamente turbadora, porque carece de la finitud de la muerte. Bianco nos introduce magistralmente en una sospecha: la muerte no es el final de nada.

No la muerte, sino una ausencia mucho más insidiosa, la de la desaparición, encuentra su resonancia contemporánea más trágica en las novelas de David Viñas, Elvira Orphée, Luisa Valenzuela, Daniel Moyano y Osvaldo Soriano. En ellos, asistimos a la desaparición, no del indio, no de la naturaleza, sino de la ciudad y sus habitantes: desaparece la cabeza de Goliat pero arrastra con ella a todos los pequeños honderos entusiastas, los davidcitos que no tienen derecho a la seguridad y al confort modernos, pero tampoco a la libertad y a la vida. La metrópoli adquiere la soledad de los llanos infinitos. La ciudad y sus habitantes están ausentes porque desaparecen y desaparecen porque son secuestrados, torturados, asesinados y reprimidos por el aparato demasiado presente de los militares y la policía. La ausencia se convierte así en hecho a la vez físico y político, transcendiendo cualquier estética de la agresión. La violencia es un hecho.

El más grande novelista urbano de la Argentina, Julio Cortázar, previó la tragedia de los desaparecidos en su novela *Libro de Manuel*, en el que los padres de un niño por nacer le preparan una colección de recortes de prensa con todas las noticias de violencia con la que tendrá que vivir y recordar al nacer.

Cortázar es quien más generosamente llena la ausencia de la Argentina en *Rayuela*. En ella, el auntor construye una anticiudad, hecha tanto de París como de Buenos Aires, cada una completando la ausencia de la otra. De esta antimetrópolis fluyen los antimitos que arrojan una sombra sobre nuestra capacidad de comunicarnos, escribir o hablar de la manera acostumbrada. El lenguaje se precipita, hecho pedazos. En él, Cortázar observa la corrupción de la soledad convirtiéndose en violencia.

El concepto ferozmente crítico y exigente que Cortázar se hace de lo moderno se funda en el lenguaje porque el Nuevo Mundo es, después de todo, una fundación del lenguaje. La utopía es el lenguaje de otra ausencia, la de la vinculación entre los ideales humanistas y las realidades religiosas, políticas y económicas del Renacimiento. Con el lenguaje de la utopía, Europa traslada a América su sueño de una comunidad cristiana perfecta. Terrible operación de transferencia histórica y psicológica: Europa se libera de la necesidad de cumplir su promesa de felicidad, pero se la endilga, a sabiendas de su imposibilidad, al continente americano. Como la felicidad y la historia rara vez coinciden, nuestro fracaso histórico se vuelve inevitable. ¿Cuándo dejaremos de ser un capítulo en la historia de la felicidad humana, no para convertirnos, fatalmente, en un capítulo de la infelicidad, sino en un libro abierto del conflicto de valores que no se destruyen entre sí, sino que se resuelven el uno en el otro?

Una posible respuesta es la de la literatura: Intentemos, sin engaños, crear universos verbales en los que la palabra adquiera plenitud de significados; seamos fieles a la palabra escrita y quizás aprenderemos a serlo a la palabra dicha —dichosa palabra— y en seguida a los actos que la acompañan. No hay literatura sin palabra. ¿Puede haber sociedad o civilización, ciudad, polis, política, *mudas*?

Esta exigencia, compartida por escritores como Sarduy, Pacheco, Aguilar Camín y Bryce Echenique, Elena Poniatowska y Rosario Ferré, se ha convertido en parte de la tradición literaria hispanoamericana.

Sostengo, sin embargo, que todos estos linajes, en su modo moderno, se originan en Borges y, me atrevo a creer, en sólo una breve narración llamada *La muerte y la brújula* donde, en pocas páginas, el autor logra entregarnos una ciudad del sueño y la muerte, de la violencia y la ausencia, del crimen y la desaparición, del lenguaje y el silencio...*

¿Cómo lo hace? Quisiera detenerme brevemente en este cuento.

La muerte y la brújula

Borges ha descrito a la muerte como la oportunidad de redescubrir todos los instantes de nuestras vidas y recombinarlos libremente como sueños. Podemos lograr esto, añade, con el auxilio de Dios, nuestros amigos y Guillermo Shakespeare.

---

* Me entero de la publicación, en 1993, de la novela *La ciudad ausente* del excelente autor argentino Ricardo Piglia.

Si el sueño es lo que, al cabo, derrota a la muerte dándole forma a todos los instantes de la vida liberados por la propia muerte, Borges naturalmente emplea lo onírico parta ofrecernos su propia, y más profunda visión, de su ciudad: Buenos Aires. En *La muerte y la brújula*, sin embargo, Buenos Aires nunca es mencionada. Pero —sin embargo seguido— es su más grande y más poética visión de su propia ciudad, mucho más que en cuentos de aproximación naturalista, como *El hombre de la esquina rosada*.

Él mismo nos lo explica diciendo que *La muerte y la brújula* es una especie de pesadilla en la que se hallan elementos de Buenos Aires, pero deformados por la propia pesadilla... «Pese a los nombres alemanes o escandinavos —nos indica— el cuento ocurre en un Buenos Aires de sueños: la torcida Rue de Toulon es el Paseo de Colón». Borges piensa en las casas de campo de Adrogué y las llama Triste-le-Roy. Cuando la historia fue publicada, sus amigos le dijeron que en ella encontraron el sabor de los suburbios de Buenos Aires. Ese sabor estaba allí, dice Borges, porque él no se propuso *meterlo allí* de la misma manera que *El Corán* es un libro árabe porque en él no aparece un solo camello.

Borges se abandonó al sueño. Al hacerlo, logró lo que, nos dice, durante años había buscado en vano... Buenos Aires, su ciudad —y la mía—.

Sí, Buenos Aires es lo que había buscado, y su primer libro de poemas nos dice desde el título *cómo* la había buscado, con fervor, *Fervor de Buenos Aires*. Pero la realidad de Buenos Aires sólo se ha hecho presente, en la literatura de Borges, mediante un sueño, es decir, mediante la imaginación. Yo también busqué, siendo muy joven, esa ciudad y sólo la encontré, como Borges, en estas palabras de *La muerte y la brújula*: «El tren paró en una silenciosa estación de cargas. (Él) bajó. Era una de esas tardes desiertas que parecen amaneceres».

Esta metáfora, cuando la leí, se convirtió en la leyenda de mi propia relación con Buenos Aires: el instante delicado y fugitivo, como diría Joyce, la súbita realidad espiritual que aparece en medio del más memorable o del más corriente de nuestros días. Siempre frágil, siempre pasajera: es la epifanía.

A ella me acojo, al tiempo que, razonablemente, les digo a ustedes que a través de estos autores argentinos, A de Aira, B de Bianco, Bioy y Borges —las tres Bees, aunque no las Tres Abejas— y C de Cortázar, comprendo que la presencia bien puede ser un sueño, el sueño una ficción y la ficción una historia renovable a partir de la ausencia.

He dicho en varias ocasiones que la ficción argentina es, en su conjunto, la más rica de Hispanoamérica. Acaso ello se deba al clamor de verbalización que mencioné antes. Pero al exigir palabras con tanto fervor, los escritores del Río de la Plata crean una segunda historia, tan válida, y acaso más, que la primera historia. Esto es lo que Jorge Luis Borges logra en *La muerte y la brújula*, obligándonos a adentrarnos más y más en su obra.

¿Cómo procede Borges para inventar la segunda historia, convirtiéndola en un pasado tan indispensable como el de la verdadera o primera historia? Una respuesta inmediata sería la siguiente: Al escritor no le interesa la historia épica, es decir, la historia concluida, sino la historia novelística, inconclusa, de nuestras posibilidades, y esta es la historia de nuestras imaginaciones.

La brillante ensayista argentina Beatriz Sarlo sugiere esta seductora teoría: Borges se ha venido apropiando, sólo para irlas dejando atrás, numerosas zonas de legitimación, empezando con la pampa que es la tierra de sus antepasados: (*Una amistad hicieron mis abuelos/con esta lejanía/y conquistaron la intimidad de la pampa*), en seguida la ciudad de Buenos Aires: «Soy hombre de ciudad, de barrio, de calle...» «Las calles de Buenos Aires ya son la entraña de mi alma». Estas apropiaciones culminan con la invención de *las orillas*, la frontera entre lo urbano y lo rural que antes mencioné y que le permite a Borges instalarse, orillero eterno, en los márgenes, no sólo de la historia argentina, sino de las historias europeas y asiáticas también, a las que llega como un marginal, un extranjero, un inventor de historias para y desde los márgenes donde se instalan las probables ausencias de todas las historias, en todas partes. Borges extiende la marginalidad a todas las culturas, hermanándolas así con las de Argentina y, por extensión, las de Latinoamérica. Esta es la legitimación final de la escritura borgiana.

Pero si semejante trayectoria es cierta en un sentido crítico, en otro produce un resultado de coherencia perfecta con la militancia de Borges en la vanguardia modernista de su juventud: El proyecto de dejar atrás el realismo mimético, el folclor y el naturalismo, admitiendo la experiencia literaria marginal en el centro de la narrativa moderna.

No olvidemos que Borges fue quien abrió las ventanas cerradas en las recámaras del realismo plano para mostrarnos un ancho horizonte de figuras probables, ya no de caracteres clínicos. Este es uno de sus regalos a la literatura hispanoamericana.

Más allá de los psicologismos exhaustos y de los mimetismos constrictivos, Borges le otorgó el lugar protagónico a figuras que antes eran decorados, no personajes: el espejo y al laberinto, el jardín y al libro, los tiempos y los espacios.

Nos recordó a todos que nuestra cultura es más ancha que cualquier teoría reductivista de la misma —literaria o política—. Y que ello es así porque la realidad es más amplia que cualquiera de sus definiciones.

Más allá de sus obvias y fecundas deudas hacia la literatura fantástica de Felisberto Hernández o hacia la libertad lingüística alcanzada por Macedonio Fernández, Borges fue el primer narrador de lengua española en las Américas (Machado de Asís ya lo había logrado, milagrosamente, en la lengua portuguesa del Brasil) que verdaderamente nos liberó del naturalismo y que redefinió lo real en términos literarios, es decir, imaginativos. En literatura, nos confirmó Borges, la realidad es lo imaginado.

Esto es lo que he llamado, varias veces, la Constitución Borgeana: Confusión de todos los géneros, rescate de todas las tradiciones, creación de un nuevo paisaje sobre el cual construir las casas de la ironía, el humor y el juego, pero también una profunda revolución que identifica a la libertad con la imaginación y que, a partir de esta identificación, propone un nuevo lenguaje.

Una metafísica vulnerada

Digo que Borges convirtió al tiempo y al espacio en protagonistas de sus historias. Pero al hacerlo, nos enseñó a comprender, en primer lugar, la realidad relativista aunque inclusiva del tiempo y el espacio. La ciencia moderna, a partir de Einstein y Heisenberg, nos indica que no puede haber sistemas de conocimiento cerrados y autosuficientes, porque cada observador describirá cualquier acontecimiento desde una perspectiva diferente. Para hacerlo, el observador necesita hacer uso de un lenguaje. Por ello, el tiempo y el espacio son elementos de lenguaje necesarios para que el observador describa su entorno (su «circunstancia» orteguiana).

El espacio y el tiempo son, pues, lenguaje.

El espacio y el tiempo constituyen un sistema descriptivo abierto y relativo.

Si esto es cierto, el lenguaje puede alojar tiempos y espacios diversos, precisamente los «tiempos divergentes, convergentes y paralelos» del *Jardín de senderos que se bifurcan*, o los espacios del *Aleph*, donde todos los lugares son y pueden ser vistos simultáneamente.

De este modo, el tiempo y el espacio se convierten, en las ficciones de Borges, en protagonistas, con los mismos títulos que Tom Jones o Anna Karenina en la literatura realista. Pero cuando se trata de Borges, nos asalta la duda: sus tiempos y sus espacios, ¿son solamente *todo* tiempo y *todo* espacio —absolutos— o son *también* nuestro tiempo y nuestro espacio —relativos—?

Borges, escribe André Maurois, se siente atraído por la metafísica, pero no acepta la verdad de sistema alguno. Este relativismo lo aparta de los proponentes europeos de una naturaleza humana universal e invariable que, finalmente, resulta ser sólo la naturaleza humana de los propios ponentes europeos —generalmente miembros de la clase media ilustrada—. Borges, por lo contrario, ofrece una variedad de espacios y una multiplicación de temas, cada uno distinto, cada uno portador de valores que son el producto de experiencias culturales únicas pero en comunicación con otras. Pues en Europa o en América —Borges y Alfonso Reyes lo entendieron inmediatamente en nuestro siglo, a favor de todos nosotros— una cultura aislada es una cultura condenada a desaparecer.

Borges, Reyes, y antes que ellos Vico, Boturini, Viscardo y Guzmán, Alzate, Molina, Clavijero, Concolorcorvo, Fernández de Lizardi, Sarmiento, Del Valle, Hostos, Montalvo, González Prada, crearon la tradición del ensayo de interpretación cultural entre nosotros para reconocer que, ejemplarmente, uno de los tiempos y espacios en un mundo pluralista, se llama Indoafroiberoamérica.

En otras palabras: Borges le hace explícito a nuestra literatura que vivimos en una diversidad de tiempos y espacios, reveladores de una diversidad de culturas. No está solo, digo, ni por sus antepasados, de Vico a Alberdi, ni por su eminente y fraternal conciudadano espiritual, Reyes, ni por los otros novelistas de su generación o próximos a ella. Borges no alude a los componentes indios o africanos de nuestra cultura: Miguel Ángel Asturias o Alejo Carpentier se encargan de eso. Pero quizás sólo un argentino —desesperado verbalizador de ausencias— pudo echarse a cuestas la totalidad cultural del Occidente a fin de demostrar, no sé si a pesar de sí mismo, la parcialidad de un eurocentrismo que en otra época nuestras repúblicas aceptaron formalmente, pero que hoy ha sido negado por la conciencia cultural moderna.

Pero aun cuando Borges no se refiere temáticamente a este o aquel asunto latinoamericano, en todo momento nos ofrece los instrumentos para reorganizar, amplificar, y caminar hacia adelante en nuestra percepción de un mundo mutante cuyos centros de poder, sin tregua, se desplazan, decaen y renuevan. Qué lástima que estos mundos nuevos rara vez estén de acuerdo con la tierna aspiración borgiana: «Una sociedad secreta, benévola... surgió para inventar un país».

Entretanto, enigmática, desesperada y desesperante, la Argentina es parte de la América Española. Su literatura pertenece al universo de la lengua española: el reino de Cervantes. Pero la literatura hispanoamericana también es parte de la literatura mundial, a la que le da y de la cual recibe.

Borges junta todos estos cabos. Pues cuando afirmo que la narrativa argentina es parte de la literatura de Hispanoamérica y del mundo, sólo quiero recordar que es parte de una forma incompleta, la forma narrativa que por definición nunca *es*, sino que siempre *está siendo*, en una arena donde las historias distantes y los lenguajes conflictivos pueden reunirse, transcendiendo la ortodoxia de un solo lenguaje, una sola fe o una sola visión del mundo, trátese, en nuestro caso particular, de lenguajes y visiones de las teocracias indígenas, de la contrarreforma española, de la beatitud racionalista de la Ilustración, o de los cresohedonismos industriales y aun posindustriales, de nuestros días.

Todo esto me conduce a la parte final de lo que quiero decir: al acto propiamente literario, el *acontecimiento* de Jorge Luis Borges escribiendo sus historias sobre tiempos y espacios.

Mijail Bajtin indica que el proceso de asimilación entre la novela y la historia pasa, necesariamente, por una definición del tiempo y el espacio. Bajtin llama a esta definición el cronotopo —la conjunción de tiempo y espacio—. En el cronotopo se organizan activamente los acontecimientos de una narración. El cronotopo hace visible el tiempo de la novela en el espacio de la novela. De ello depende la forma y la comunicabilidad de la narración.

De allí, una vez más, la importancia decisiva de Borges en la escritura de ficción en Hispanoamérica. Su economía e incluso su desnudez retórica, tan alabadas, no son, para mí, virtudes en sí mismas. A veces, sólo se dan a costa de la densidad y la complejidad, sacrificando el agustiniano derecho de error. Pero esta brevedad, esta desnudez, sí hacen visibles la arquitectura del tiempo y del espacio.

En *El Aleph* y *Tlon, Uqbar, Orbis Tertius*, el protagonista es el espacio, con tantos méritos como el de la hero (ina) de una novela realista. Y el tiempo lo es en *Funes el memorioso, Los inmortales* y *El jardín de senderos que se bifurcan*. Borges, en todas estas historias, observa un tiempo y un espacio totales que, a primera vista, sólo podrían ser aproximados mediante un conocimiento total. Borges, sin embargo, no es un platonista, sino una especie de neoplatonista perverso. Primero postula una totalidad. En seguida, demuestra su imposibilidad.

Un ejemplo evidente: En *La Biblioteca de Babel*, Borges nos introduce en una biblioteca total que debería contener el conocimiento total dentro de un solo libro total. En primer término, nos hace sentir que el mundo del libro no está sujeto a las exigencias de la cronología o a las contingencias del espacio.

En una biblioteca, están presentes todos los autores y todos los libros, aquí y ahora, cada libro y cada autor contemporáneos en sí mismos y entre sí, no sólo dentro del espacio así creado (La Biblioteca de Babel) sino también dentro del tiempo: los lomos de Dante y Diderot se apoyan mutuamente, y Cervantes existe lado a lado con Borges. La biblioteca es el lugar y el tiempo donde un hombre es todos los hombres y donde todos los hombres que repiten una línea de Shakespeare *son* Shakespeare.

¿Podemos entonces afirmar que la totalidad de tiempo y espacio existen aquí, dentro de una biblioteca que idealmente debería contener un solo libro que es todos los libros, leído por un solo lector que es todos los lectores?

La respuesta dependería de otra pregunta: ¿Quién percibe esto, quién puede, simultáneamente, tener un libro de Cervantes en una mano, un libro de Borges en la otra y recitar, al mismo tiempo, una línea de Shakespeare? ¿Quién posee esta libertad? ¿Quién es no sólo *uno*, sino muchos? ¿Quién, incluso cuando el poema, como dijo Shelley, es uno y universal, es quien, al fin y al cabo, lo lee? ¿Quién, incluso cuando, de acuerdo con Emerson, el autor es el único autor de todos los libros jamás escritos, es siempre diverso ante el único autor? ¿Quién, después de todo, los lee: al libro y al autor? La respuesta, desde luego es: *Tú*, el lector. O *Nosotros*, los lectores.

De tal forma que Borges ofrece un libro, un tiempo, un espacio, una biblioteca, un universo, únicos, totales, pero vistos y leídos y vividos por el otro lector que es muchos lectores, leyendo en muchos lugares y en tiempos múltiples. Y así, el libro total, el libro de libros, justificación metafísica de la biblioteca y el conocimiento totales, del tiempo y el espacio absolutos, es imposible, toda vez que la condición para la unidad de tiempo y espacio en cualquier obra literaria es la pluralidad de las lecturas, presentes o futuras: en todo caso, potenciales, posibles.

El lector es la herida del libro que lee: por su lectura —la tuya, la mía, la nuestra— se desangra toda posibilidad totalizante, ideal, de la biblioteca en la que lee, del libro que lee, o incluso la posibilidad de un solo lector que es todos. El lector es la cicatriz de Babel. El lector es la fisura, la rajada, en la torre de lo absoluto.

Los accidentes del tiempo

Borges crea totalidades herméticas. Son la premisa inicial, e irónica, de varios cuentos suyos. Al hacerlo, evoca una de las aspiraciones más profundas de la humanidad: la nostalgia de la unidad, en el principio y en el fin de todos los tiempos. Pero, inmediatamente, traiciona esta nostalgia idílica, esta aspiración totalitaria, y lo hace, ejemplarmente, mediante el incidente cómico, mediante el accidente particular.

Funes el memorioso es la víctima de una totalidad hermética. Lo recuerda todo. Por ejemplo: siempre sabe qué hora es, sin necesidad de consultar el reloj. Su problema, a fin de no convertirse en un pequeño dios involuntario, consiste en reducir sus memorias a un número manejable: digamos, cincuenta o sesenta mil artículos del recuerdo. Pero esto significa que Funes debe escoger y representar. Sólo que, al hacerlo —al escoger lo que quiere recordar—, demuestra estéticamente que no puede haber sistemas absolutos o cerrados de conocimiento. Sólo puede haber perspectivas relativas a la búsqueda de un lenguaje para tiempos y espacios variables.

Y la verdad es que todos los espacios simultáneos de *El Aleph* no valen un vistazo de la hermosa muerta, Beatriz Viterbo, una mujer en cuyo andar había «una como graciosa torpeza, un principio de éxtasis», aunque también había en ella «una clarividencia casi implacable», compensada por «desdenes, verdaderas crueldades». Para eso quiere el narrador del Aleph recostarse y ver todos los espacios: a fin de que en uno solo de ellos aparezca esa mujer.

Borges: La búsqueda del tiempo y el espacio absolutos ocurren mediante un repertorio de posibilidades que hacen de lo absoluto, imposible o, si ustedes lo prefieren, relativo.

En el universo de Tlon, por ejemplo, todo es negado: «... el presente es indefinido... el futuro no tiene realidad sino como esperanza presente... el pasado no tiene realidad sino como recuerdo presente». Pero esta negación de un tiempo tradicional —pasado, presente y futuro—, ¿no le da un valor supremo al *presente* como tiempo que no sólo contiene, sino que le da su presencia más intensa, la de la vida, al *pasado* recordado aquí y ahora, al *futuro* deseado hoy?

En otro cuento, *Las ruinas circulares*, pasado, presente y futuro son afirmados como simultaneidad mientras, de regreso en Tlon, otros declaran que todo tiempo ya ocurrió y que nuestras vidas son sólo «el recuerdo o reflejo crepuscular, y sin duda falseado y mutilado, de un proceso irrecuperable».

Estamos en el universo borgiano de la crítica creativa, donde sólo lo que es escrito es real, pero lo que es escrito quizá ha sido inventado por Borges. Por ello, resulta tranquilizador que una nota a pie de página recuerde la hipótesis de Bertrand Russel, según la cual el universo fue creado hace apenas algunos minutos y provisto de una humanidad que «recuerda» un pasado ilusorio.

Borges hace suyas todas estas teorías, sólo para aumentar el repertorio de nuestra imaginación narrativa.

Sin embargo, pienso que la teoría más borgiana de todas es la siguiente: «La historia del universo... es la escritura que produce un dios subalterno para entenderse con un demonio».

Todo lo cual quiere decir, en última instancia, que cada uno de nosotros, como Funes, como Borges, tú y yo, sus lectores, debemos convertirnos en artistas: escogemos, relativizamos, elegimos: somos Lectores y Electores. El cronotopo absoluto, la esencia casi platónica que Borges invoca una y otra vez en sus cuentos, se vuelve relativo gracias a la lectura. La lectura hace gestos frente al espejo del Absoluto, le hace cosquillas a las costillas de lo Abstracto, obliga a la Eternidad a sonreír. Borges nos enseña que cada historia es cosa cambiante y fatigable, simplemente porque, constantemente, está siendo leída. La historia cambia, se mueve, se convierte en su(s) siguiente(s) posibilidad(es), de la misma manera que un hombre puede ser un héroe en una versión de la batalla, y un traidor en la siguiente.

En *El jardín de senderos que se bifurcan*, el narrador concibe cada posibilidad del tiempo, pero se siente obligado a reflexionar que «todas las cosas le suceden a uno precisamente, precisamente ahora.

Siglos de siglos y *sólo en el presente* ocurren los hechos...»

Sólo en el presente leemos la historia. Y aun cuando la historia se presente como la única versión verdadera de los hechos, nosotros, los lectores, subvertimos inmediatamente semejante pretensión unitaria. El narrador de *El jardín...*, por ejemplo, lee, dentro de la historia, dos versiones «del mismo capítulo épico». Es decir: lee no sólo la primera versión, la ortodoxa, sino una segunda versión heterodoxa. Escoge «su» capítulo épico único, o coexistente, si así lo desea, con ambas, o con muchas, historias.

En términos históricos latinoamericanos, esto quiere decir que el lector de Borges no sólo lee la Conquista sino la Contraconquista, no sólo la Reforma, sino la Contrarreforma y ciertamente, en términos aún más borgianos, no sólo lee la Revolución, sino también la Contrarrevolución.

El narrador de *El jardín...,* en verdad, no hace más que definir a la novela en trance de separarse de la épica. Pues la novela podría definirse, por supuesto, como la *segunda* lectura del capítulo épico. La épica, según Ortega y Gasset, es lo que *ya* se conoce. La novela, en cambio, es *el siguiente* viaje de Ulises, el viaje hacia lo que se ignora. Y si la épica, como nos dice Bajtin, es el cuento de un mundo concluido, la novela es la azarosa lectura de un mundo naciente: la renovación del Génesis mediante la renovación del género.

Por todos estos impulsos, la novela es un espejo que refleja la cara del lector. Y como Jano, el lector de novelas tiene dos caras. Una mira hacia el futuro, la otra hacia el pasado. Obviamente, el lector mira al futuro. La novela tiene como materia lo incompleto, es la búsqueda de un nuevo mundo en el proceso de hacerse. Pero a través de la novela, el lector encarna también el pasado, y es invitado a descubrir la novedad del pasado.

Cervantes oficia en el inicio mismo de esta ceremonia narrativa, que alcanza una de sus cumbres contemporáneas en la obra de Jorge Luis Borges, gracias a una convicción y práctica bien conocidas de sus ficciones: la práctica y la convicción de que cada escritor crea sus propios antepasados.

Cuando Pierre Menard, en la famosa historia de Borges, decide escribir *Don Quijote*, nos está diciendo que en literatura la obra que estamos leyendo se convierte en nuestra propia creación. Al leerlo, nos convertimos en la causa de Cervantes. Pero a través de nosotros, los lectores, Cervantes (o, en su caso, Borges) se convierten en nuestros contemporáneos, así como en contemporáneos entre sí.

En la historia de *Pierre Menard, autor de Don Quijote*, Borges sugiere que la nueva lectura de cualquier texto es también la nueva escritura de ese mismo texto, que ahora existe en un anaquel junto con todo lo que ocurrió entre su primer y sus siguientes lectores.

Lejos de las historias petrificadas y con los puños llenos de polvo archivado, la historia de Borges le ofrece a sus lectores la oportunidad de re-inventar, re-vivir el pasado, a fin de seguir inventando el presente. Pues la literatura se dirige no sólo a un futuro misterioso, sino a un pasado igualmente enigmático. El enigma del pasado nos reclama que lo releamos constantemente. El futuro del pasado depende de ello.

Creo, con Borges, que el significado de los libros no está detrás de nosotros. Al contrario: nos encara desde el porvenir. Y tú, el lector, eres el autor de *Don Quijote* porque cada lector crea su libro, traduciendo el acto finito de escribir en el acto infinito de leer.

Por haberme enseñado esto, expreso mi deuda de gratitud, como escritor y lector, con Borges.

Juan Goytisolo y el honor de la novela

1. *Las virtudes del pájaro solitario*

En un oportuno e inteligente artículo publicado en *El País*, José María Guelbenzu hacía la disección de la desmayada moda de la literatura «ligera» o «divertida». La creación literaria es elitista, recordaba entonces Guelbenzu; es el acceso a ella lo que debe ser democrático y «eso sólo se consigue... por medio de una educación para todos que permita erradicar la ignorancia». Cuando esto ocurre, Sterne, Stendhal o Juan Goytisolo se vuelven accesibles.

Guelbenzu nos recuerda también que la democracia no es un acto de holgazanería, mediocridad o ignorancia, sino, precisamente, un esfuerzo de educación y lucidez exigente y parejo, en cierto modo, a la creación literaria misma. Identificar literatura con ligereza y diversión en nombre de la accesibilidad popular, es hacerle un flaco servicio a la creación y a la democracia. A la larga, dañar a aquélla es socavar a ésta.

A veces, en la América Española, se aduce que obras como *Paradiso* de Lezama Lima o *Rayuela* de Julio Cortázar, no pueden ser recibidas por un público iletrado y semialfabetizado. Mi respuesta siempre ha sido: ¿Qué van a leer nuestros analfabetos cuando dejen de serlo? ¿*Superman* o *Don Quijote*?

La esperanza de un Lezama o de un Cortázar en Hispanoamérica es la de un Guelbenzu en España. «Las novelas tienen que ser divertidas», dictamina la moda. Y Guelbenzu se pregunta: «¿No será al revés? ¿No será que es el lector el que tiene que aprender a divertirse?».

En el centro de esta querella están, pues, el lector y dos maneras de invitarlo a que participe de la obra literaria. Una es la del *best-seller* que parte del supuesto de un lector identificable, cuyos gustos, juicios y prejuicios son conocidos de antemano por el autor, quien confecciona, según esta receta, un platillo comercial. El lector no lee: consume, se divierte quizás, pero la obra pasa por sus intestinos y sale por lo que Juan Goytisolo llama «el despeñadero del recto».

Otras buscan al lector inexistente aún, el lector por hacer y por descubrir en la lectura misma. Cuando este lector y la obra se encuentran, nace la novela potencial. Su residencia permanente es la cabeza y el corazón, compartidos, de Sterne y su lector, de Stendhal, Kafka, Joyce y los suyos. El lector y la obra se crean entre sí.

Cortázar hacía una distinción, quizás demasiado sexista para este fin de siglo, entre Lector Macho (activo) y Lector Hembra (pasivo). Yo prefiero distinguir al Lector Costilla (macho o hembra), que debe masticar la carne veinte veces antes de deglutirla, del Lector Gerber (niño o niña) que, desdentado, se traga una papilla blanda, informe, premasticada.

La apología del Lector Gerber adopta muchas formas, chupa muchos biberones y se pone muchos baberos. Si su nivel más bajo es precisamente la exigencia frívola de la literatura «diver» o «light», el más mediocre es el del realismo que pide la sujeción de la imaginación verbal a la estadística sociológica, a la verosimilitud psicológica y a la historia concebida como hecho registrable, pero nunca como imaginación del tiempo —presente, pasado o futuro—.

La mediocridad de esta demanda se relaciona, en México y la América Española, con una cierta nostalgia de la clase media identificable, próspera y democrática, que no tuvimos durante el apogeo del realismo el siglo pasado. La anacronía crítica del realismo y el psicologismo, revestidos de una pretensión de objetividad histórica, equivale a la nostalgia actual de la clase media, mediadora y, por estar en el medio, virtuosa y orgullosamente mediocre. Este sería, según la anacronía realista, el dato revelador de nuestra «universalidad», pues es en la mediocracia mediadora donde demostramos que no somos distintos; somos iguales, digamos, a los franceses y a los ingleses. Consumimos, en resumidas cuentas, lo mismo que ellos, los «otros» que, mediada y mediocremente, se vuelven así «nosotros».

Pero el hecho es que nuestra universalidad, como dato concreto de nuestra humanidad, no se reconoce en esta mediación de la mediocridad. La gran literatura hispanoamericana lo es de trancos enormes, síntesis supremas, violaciones del realismo y sus códigos a través de la hipérbole, el delirio y el sueño. Es la creación de otra historia, de una segunda historia que ciega y disminuye a los historiadores de archivo. La segunda historia se manifiesta a través de la escritura individual pero se propone como la memoria y el proyecto (es decir, como la realidad verdadera) de una colectividad, por definición, dañada. A la luz de la redención, escribió Adorno, el mundo aparece, inevitablemente, deformado.

Esta realidad, que es una irrealidad a los ojos del verismo naturalista y el historicismo de calendario, es la que, en Hispanoamérica, nos permite unirnos a una universalidad que no es sino la suma de antiguas excentricidades, súbitamente reveladas como hechos centrales de la cultura moderna. Este desplazamiento nos traslada a las Indias occidentales de Derek Walcott y V. S. Naipaul, a las Indias orientales de Salman Rushdie, al Cercano Oeste de Joan Didion y Norman Mailer, a la excentricidad insular de Julian Barnes y Peter Ackroyd en Inglaterra, al África negra de Ben Okri, al lejano Sur de Nadine Gordimer en África y al exilio centroeuropeo de Milan Kundera. Todo esto es el territorio de la novela potencial.

El realismo, en cambio, nos condena a ser anacrónicos en nombre de la «verdad» entrecomillada por su incapacidad de hacer de lo no-contemporáneo, contemporáneo. Este es el signo del arte: hacer del pasado, presente. Lo niega la noción de la historia concebida como hecho estadístico, registrable, y no como evento continuo, imaginable. El ancla de esta anacronía suele ser el chovinismo, ejercitado como exclusión fascistoide de quienes no merecen, por su falta de «realismo», ser mexicanos, españoles o soviéticos.

La defensa más literaria del Lector Gerber es la que exige un cierto código de recepción para la obra, basado en la linealidad narrativa, con un principio y un fin lógicos; personajes psicológicamente redondeados y apego a la verosimilitud histórica y social. Este realismo decimonónico dio sus frutos —Tolstoi, el máximo—, pero es una excepción estrecha a la literatura que viola ese mismo código, de Rabelais, Cervantes, Sterne y Diderot, a Joyce, Faulkner, Virginia Woolf y Broch, sin excluir a autores «realistas» que, como Balzac, poseen una dimensión totalmente fantástica o que, como Flaubert, son menos interesantes por su verismo psicológico que por su escritura.

En nuestro tiempo, estas posiciones siguen presentándose como oposiciones. Escojo dos representantes notables de cada una. *Los aspectos de la novela*, publicados en 1927 por E. M. Forster, consagran las leyes del realismo moderno. Se trata de un código aséptico, reductivista, en el que el *Tristram Shandy* puede ser criticado como «un galimatías» en el mismo momento en que la *Saturday Review* reservaba idéntica caracterización para *El castillo*. (*Muddle*, llamaba en 1927 Forster a Sterne; *rigmarole*, decía la revista neoyorquina, ese año también, de Kafka). ¿Qué se dice, contemporáneamente y sobre este telón de fondo, de *Las virtudes del pájaro solitario* de Goytisolo, de *Larva* de Julián Ríos, de todas las obras que no caben dentro de la estrechez de un código incapaz de leerlas? No se dice nada, porque la reducción de la obra a lo que la obra no es, ni quiere ser, es su negación.

La otra posición es, ejemplarmente, la de Mijail Bajtin. El gran crítico ruso amplía el canon para incluir, dentro de su concepto de la novela dialógica (o polifónica, como la llamaría Broch), una pluralidad de diálogos, ya no sólo entre «personajes» psicológicos de un marco «realista», sino también entre lenguajes contradictorios, épocas históricas distantes, clases sociales o visiones históricas opuestas que, de otra manera, no tendrían oportunidad de dialogar entre sí: de conocerse mediante la imaginación, que es la forma de conocer en literatura.

La libertad creativa de Bajtin es la que conviene a la novela contemporánea, la que da cabida a su potencialidad, concebida en términos verbales, pero, mediante el lenguaje, en términos históricos, políticos y aun nacionales dinámicos, no pasivos; con costillas, no con papillas; inclusivos, no excluyentes. Este es el honor de la novela contemporánea y Juan Goytisolo lo encarna y lo define soberanamente.

Su novela *Las virtudes del pájaro solitario* ha sido objeto de críticas que reflejan, bien el afán de la facilidad «diver» y «light», bien el apego a los códigos probados que Goytisolo, radicalmente, avasalla. ¿Mucha pólvora y poco infierno, como se ha escrito? Al contrario: la pólvora equivale al infierno que la produjo, pero además vuela uno que otro purgatorio, y abre a tiros verbales la puerta de un paraíso vedado, que es el del encuentro de los cuerpos a través de los textos que los escriben y ponen en contacto cuando todas las leyes del mundo prohíben que se encuentren.

El pájaro solitario de Goytisolo reúne todas las condiciones del texto que quiere Bajtin y desdeña Forster. Debe ser juzgado por su fidelidad al código que lo afirma, no al que lo ignora. No es un diálogo de personajes psicológicos, no es una narración lineal, no tiene argumento visible, no posee principio y fin claros. Su diálogo, más bien, es entre tres textos: La obra de San Juan de la Cruz; la poesía sufí con su gran carga mística, ascética y quietista, de Ibn Al Farid, Al Gazel y Jalal ad-Din Rumi; y el propio texto contemporáneo, posibilidad e imposibilidad actual de los anteriores, de Goytisolo. Su narración, para abarcar esta materia textual, tiene que ser sinuosa y simultaneísta. Es, como toda gran novela, un desplazamiento. Pero el viaje es, asimismo, un argumento elíptico que nos conduce del «texto de la representación cotidiana» (el código realista, transparente, directamente inteligible) al texto radicalmente ininteligible, «enigma insoluble» que asume «los giros de su lenguaje quebrado y tenso».

Al descubrir, por gracia de la escritura de Goytisolo, el misterio de lo que parecía un texto obvio por acostumbrado, el lector se ve obligado a retomar el mismo texto, verlo con ojos nuevos, efectuar la segunda lectura. Descubre entonces que la primera vez no leyó porque no se extrañó. Creyó (esperó) un texto de la representación cotidiana y se encontró, releyéndolo, con un «enigma insoluble». Pero entre la claridad y el misterio, un tercer desplazamiento (tercer viaje, tercera lectura, tercer argumento) se ve obligado a tomar el texto al pie de la letra: leerlo de verdad, sin tomarlo como un valor dado ni como un misterio infranqueable, sino viendo, por primera vez, lo que realmente está allí.

Y lo que está allí es una ambigüedad, parte transparencia y parte misterio. Lo que está allí es «éxtasis férvido y cabal suspensión de los sentidos», «tiránicos movimientos del cuerpo», «enardecimiento, sudor, desmayos», «raptos, visiones y goces de una perpetua castidad». Como en Faulkner, como en Beckett, en Goytisolo el argumento no está pre-escrito. Sólo se encuentra haciendo el viaje del texto cotidiano al texto enigmático, al texto ambiguo, que es, al cabo, el texto *literal* en el sentido más verdadero de la palabra.

El argumento es este:

«... desde la edad de siete años comenzó a encontrarla en secreto un hermoso mancebo con quien se desposó y vivió en matrimonio, hecho que no reveló a nadie por tratarse del Bienamado».

Argumento místico de quien no puede vivir sin Dios. Pero también argumento físico de quien busca al ser amado, lo encuentra en secreto, reclina el rostro sobre él, se abandona, siente el cuello herido, rompe la tela del dulce encuentro y se queda dormida con el cuerpo amado. Y, cómo no, argumento dramático, en noche oscura, escapando de la casa sosegada mediante el engaño, usando disfraces, protegida por la oscuridad: drama del silencio, la sombra y el ardiente deseo...

La «intrahistoria» unamuniana comienza a perfilarse, pero sólo gracias a un hecho de la escritura que es, precisamente, la quiebra del sistema realista que, prometiendo «transparencia», entregó «misterio» porque hizo creer que era visible en la realidad lo que sólo es legible en el texto. «Ruptura del sistema de equivalencias, expansión infinita del sentido de los vocablos». Esta es la acción del autor y mediante ella enriquece infinitamente el texto de San Juan, los de los poetas sufíes y el propio texto de Juan Goytisolo. Como se juntan el Amado con la Amada, así se reúnen el Texto con el Texto. Y como se transforma la Amada en el Amado, así se transforma el Texto en Otro Texto.

La bella y emocionante operación realizada por Goytisolo sobre uno de los textos capitales de nuestra lengua, es no sólo un homenaje; es una necesidad y tiene un triple propósito: histórico, amoroso y moral.

Históricamente, une lo que el tiempo y el prejuicio separaron: la poesía de San Juan, sus antecedentes persas y nuestro propio lenguaje moderno.

Amorosamente, realiza el milagro de negar la discontinuidad de los cuerpos, reuniéndolos a través de un texto (un poema, una novela). No es algo nuevo: Don Quijote y Dulcinea, Romeo y Julieta, Cathy y Heathcliff, sólo transcienden su separación en el texto literario, vencedor de la muerte, único triunfo posible del erotismo.

Y moralmente, *El pájaro solitario* es un texto transgresor, violador, herético. Pero su herejía es la de Pelagio contra san Agustín: la gracia no requiere de otra mediación que la palabra y el cuerpo que la pronuncia; es asequible a todos y no depende de nuestra sumisión a jerarquías religiosas o políticas. Sentí en la obra una premonición digna de Henry James. «El hecho que menciona no ha ocurrido todavía», escribe Goytisolo. ¿Será ese hecho una rebelión imprevista? ¿Y será esta rebelión una revuelta paralela hacia lo sagrado y lo erótico, hermanados en la poesía? ¿Y hay mejores presencias para esta empresa que san Juan de la Cruz, los poetas sufíes y el novelista español?

La obra de Juan Goytisolo constituye un extraordinario aporte en castellano a la revolución permanente de la narrativa contemporánea. Acosada por la anacronía, el chovinismo, las ruinas del realismo, la presbicia fáctica, la frivolidad «diver» y «light», el terrorismo racionalista y la inseguridad psíquica, la geografía de la novela moderna se aprovecha de todas estas fronteras para transcenderlas y ensanchar, en contra de todos sus detractores, el horizonte de la posibilidad humana en la historia. Esta es la tradición viva de la novela. En el caso de Juan Goytisolo, ¿de dónde viene la tradición y a qué posibilidad se dirige?

2. Paisajes después de la batalla

La cultura española, de Cervantes a Buñuel, se ha hecho a contratiempo. Mientras que las tradiciones inglesa y francesa, en términos generales, se hicieron al ritmo de la modernidad, la tradición española se hizo en contra de lo que la negaba. Primero los edictos represivos de los Reyes Católicos, Isabel y Fernando, expulsando a los judíos y proclamando la limpieza de sangre y la religión católica como bases de la unidad nacional. Más tarde, la estricta aplicación en España de las normas del Concilio de Trento: España, la fortaleza de la Contrarreforma.

Escribir a contracorriente se volvió un hábito, angustioso, aunque lúdico, para Fernando de Rojas, el autor de *La Celestina* (1499), y para Mateo Alemán, el autor del *Guzmán de Alfarache* (1599). La tragicomedia de Rojas inaugura la novela urbana, itinerante, desilusionada e interiorizada, de la modernidad. Su autor acaba refugiado en la profesión de abogado rural. El *Guzmán* es el origen de la picaresca del desplazamiento moderno en Europa. Mateo Alemán se exilia a México para que su fama muera. Lo que no muere es una tradición de rebeldía que alcanza en la magnificencia erótica en las novelas de Francisco Delicado (*La lozana andaluza*, 1528) y María de Zayas (*El Decamerón español*, 1637).

Juan Goytisolo transforma las tradiciones literarias en lecturas interiorizadas de la modernidad. Gracias a Goytisolo, la tradición del pasado español se hace presente nuestro. San Juan de la Cruz e Ibn Arabi, Zayas y Delicado, Rojas y Alemán, Quevedo y *Estebanillo González*: la tradición más amplia que les abarca a todos y permite leerles de una manera más radical es, para Goytisolo y muchos más, la de Cervantes.

Uno de los mejores críticos de Goytisolo, Francisco Márquez Villanueva, nos dice que cervantizar es una operación paralela a judaizar e islamizar. El *Quijote* resume las tradiciones que van del *Libro de Buen Amor* a *La Celestina* y prevé su continuación en Zayas y Delicado, consagrando valores lúdicos que de por sí suponían «una actitud militante contra las opresoras tiesuras de una sociedad dogmática e inquisitorial». Cervantes recoge, incluye, disfraza todo lo prohibido por «los preceptos de la estética oficialmente respaldada por el bloque Iglesia-Estado». La operación no es negativa, sin embargo. Cervantes afirma una modernidad a contratiempo, obligada a imaginar, no sólo lo que la Contrarreforma niega, sino también lo que la propia modernidad reformista del Occidente ha olvidado.

Contratiempo en dos sentidos —contra el tiempo reaccionario de España, contra el tiempo progresista de Occidente— Cervantes crea una modernidad crítica e imaginativa que le concede a la literatura el privilegio de crear realidad, no sólo de reflejarla, mediante la multiplicación de textos que dependen de múltiples lecturas, no de una sola, ortodoxa y racialmente pura.

Incertidumbre cervantina frente a la certeza y las ortodoxias de la Contrarreforma: nombre incierto (¿Quijote, Quijano, Quijotiz? ¿Aldonza, Dulcinea?); autoría incierta (¿Cervantes?, ¿Saavedra?, ¿Cide Hamete?, ¿Avellaneda?). Narrador incierto (¿Yo, Tú, Él, Nosotros?), incierto lugar (¿La Mancha, El Olvido?). Imbricación de géneros: ruptura de la pureza en un mundo postridentino que exigía un solo lenguaje y una sola visión del mundo. Novela consciente de sí misma que rechaza la ilusión de ser simple reflejo de la realidad. Novela crítica moderna, que gana el derecho de criticar al mundo porque primero se critica a sí misma. Y novela de desplazamientos, en riesgo permanente, en la que ningún hallazgo es un refugio: Cervantes y Goytisolo, escritores de la intemperie porque sus novelas y sus personajes salen al mundo, abandonan la aldea, arriesgan: emigran.

Goytisolo pone estas tradiciones al servicio del tema más radical de nuestra modernidad: el Otro, el Inmigrante, el Desplazado, portador de culturas mestizas, desafiando nuestros prejuicios, nuestra capacidad de dar y recibir, nuestra inteligencia para entender y ser entendidos.

Paisajes después de la batalla, la gran novela publicada por Goytisolo en 1982, es la profecía del tema que habría de convertirse en el centro de nuestra atención al finalizar el siglo XX y adelantarse el XXI. En 1989, Juan y yo nos encontramos en Berlín. Visitamos el Muro. Juan insistió en que lo viésemos desde el Kreuzberg, el barrio de los inmigrantes turcos, como si previese ya, no sólo la caída de un muro unos meses más tarde, sino la inmediata erección de otro, el que le veda la entrada al inmigrante. En *Paisajes*, antes que nadie, y en español, Goytisolo descubrió la manera de escribir la novela del otro, el inmigrante y sus desplazamientos. Lejos de toda intención filantrópica o panfletaria, dotó al evento y sus protagonistas de un narrador y una materia narrativa, de un lenguaje y un espacio. Con ello, Goytisolo inaugura la novela de la ciudad migratoria para el siglo que viene, como Rojas inventó la ciudad sin murallas, circulante, de la modernidad renacentista.

«África empieza en los bulevares» y el primer tema de *Paisajes después de la batalla* es el desplazamiento. Lukács ha escrito que no hay novela sin desplazamiento. De Troya a Lolita, la novela es el espacio privilegiado (épico, dramático, satírico) del desplazamiento físico: la Celestina se mueve dentro de una nueva ciudad dinámica, seguida de su corte de Lazarillos, Buscones y Justinas; Robinson se desplaza hasta la isla desierta del Pacífico, Don Quijote de su aldea a los anchos campos de Montiel. Jacques sigue a su amo por los caminos de Francia, David Copperfield emigra de la tranquilidad bucólica a la asfixiante nube de ladrillo y carbón de Londres, Rastignac a París, Julio Verne al centro de la tierra. Lermontov busca la muerte en el Cáucaso y Dostoievski en un barrio amarillo de Petersburgo. Grandes espacios de Melville y Turgueniev. Viaje alrededor de la recámara de Joseph de Maistre. Praderas de Fenimore Cooper que desembocan en la California de Raymond Chandler y Nathaniel West. Poe viaja al corazón del hielo pero

también al corazón delator de la muerte amura-
llada, y Conrad, ya lo sabemos, al corazón de las
tinieblas.

Pues el desplazamiento también es interno,
freudiano: labor de los sueños, omisión, modifica-
ción, sustitución, cambio del objeto del deseo, disfraz del sueño erótico transformado en sueño social.
La novedad de Goytisolo es que reúne ambos desplazamientos, el externo y el interno, en una sola
diáspora contemporánea. Su lugar es la ciudad. Su
protagonista es el inmigrante. La resonancia que
Goytisolo le da a este tema se debe, como queda
dicho, a la amplitud de la tradición que abarca: la
tradición cervantina, para ubicarla en su eje novelesco. Pero el eje de la tradición es mítico también:
en su hermosa crónica de una muerte acompañada,
La cuarentena, el escritor se desplaza para acompa-
ñar al amigo, al ser querido, en el viaje de la muerte. Acompañado, a su vez, de la tradición novelesca
y de la tradición ritual del desplazamiento, el autor
contemporáneo en lengua española que es Goytisolo puede salir al encuentro del Otro.

El encuentro ocurre gracias a la verbalidad
narrada, no gracias a una operación sentimental de
buenas intenciones. Técnica y contenido se asocian
en *Paisajes después de la batalla* porque el «yo» autor-
al, que es el «yo» personaje, se unen (se funden, se
solidarizan) en el «narrador» que es el Autor-más-
los-personajes repartidos a lo largo del texto. Goytisolo obtiene este resultado polifónico mediante el
cruce de pronombres, el cruce de tiempos verbales y
el cruce de culturas. El mestizaje de la forma se
funde con el de la materia. Escojo un solo capítulo
del libro, «La cita». El «Yo» narrativo se convierte

en un «él» («él le dice») en el filo de la pluralidad
posesiva («nuestro desdichado héroe»). Al final, el
narrador-narrado «ya no sabe si es el remoto individuo que usurpa su nombre o ese goytisolo que lo
está creando a él». Lo que sabemos es que ante
nuestra mirada se ha constituido un «peripatético
sujeto de la narración» en el que el personaje es
múltiple, el narrador también lo es, y en ellos confluyen voces extrañas a ambos. A la vez, los narradores, portadores de esas voces, confluyen para crear
un mestizaje lingüístico que corresponde al mestizaje racial y cultural que es el tema de la novela.

El antecedente en Goytisolo es claro y es
hispánico: Mestizar es cervantizar, y cervantizar es
islamizar y judaizar; es abrazar de nuevo a lo expulsado y perseguido; es re-encontrar la vocación de la
inclusión y trascender el maleficio de la exclusión.
Es marginalizar los centros y atacar los márgenes en
centros múltiples. Goytisolo le da una fuerza extraordinaria a la re-inclusión de su exclusión porque la injerta en otra gran tradición novelesca, que
es la del fin de la unidad lingüística propia de las
décadas clásicas o de esa pervertida nostalgia del
clasicismo que son las edades de la ortodoxia. En el
mundo clásico, todos se entienden entre sí: Príamo
y Agamenón, Paris y Aquiles. Don Quijote, en
cambio, no entiende a Sancho, ni éste a aquél. No
se entienden entre sí los miembros de la familia
Shandy. Madame Bovary no entiende a su marido,
ni Ana Karenina al suyo. La novela debe apelar al
humor para admitir que la gente habla de muchas
maneras y las cosas pueden decirse de muchos modos. El lenguaje de la novela, escribe Schklovsky, es
una reelaboración continua de todos los niveles del

lenguaje; éste, como lo saben por igual Cervantes, Balzac, Shaw y Raymond Queneau, es diverso porque es estratificado y es estratificado porque sus hablas son las de sociedades no sólo diversificadas, sino separadas, injustas. Ahora, son también sociedades extrañas, babeles en las que el inmigrante aparece como portador de un lenguaje más, que a menudo ni siquiera es el lenguaje común a la nación. Cuando Goytisolo, en su barrio del Sentier parisino, se vio súbitamente rodeado de inmigrantes turcos, hizo lo que debería hacer todo ser humano dotado de cantidades mínimas de humor, razón y cariño: aprendió a hablar turco.

El impulso lingüístico de la novela moderna, su carácter híbrido, paródico, imitativo, derivativo, intenta trascender sus impurezas de origen mediante la más vieja de las operaciones sanitarias: la «poetización» que convierte al lenguaje en imagen del lenguaje. Tenaz, el mestizaje busca y encuentra maneras nuevas de colarse, presentarse, infectar, parodiar el lenguaje abstracto de la sanidad occidental y obligarlo a revelarse como lugar común, morralla (y muralla) política; incitación comercial. En *Paisajes*, Goytisolo, en ese sentido, culmina la revolución temático-verbal inaugurada por Flaubert con *Bouvard y Péchuet*. Sólo que Goytisolo se remonta al Arcipreste de Hita y, en la propia Francia, a Rabelais, para agredir la unidad lingüística y remitirnos al lenguaje del otro.

La arena de estos encuentros, ya lo sabemos, es la ciudad. El tema urbano en la narrativa es tan viejo como el caballo de Troya y las picardías de Petronio. Pero la ciudad como sede de la modernidad es una invención de lo que Donald Fanger llama «el realismo romántico» de Balzac, Dickens y Dostoievski. Lo que descubren Rastignac, Pip o Rasklonikov es, nuevamente y sin embargo, lo que ya sabían La Celestina y el Guzmán de Alfarache: la ciudad moderna, perdidos sus muros y sus fosas, es una ciudad abierta, itinerante, en la que los valores de la ciudad antigua —honor, rango, cortesía— se desvanecen avasallados por la ambición, el dinero, el sexo. Gogol, en el brillante arranque de *La perspectiva Nevski*, imagina una ciudad perdida, de la que sólo distinguimos trozos rotos. Quisiéramos reconstruir la unidad a fin de ser, nosotros mismos, Uno. La aspiración romántica a la unidad recobrada es negada, sólo para reafirmarse, por la imagen fragmentada de la civilización urbana del siglo XX. Ahora, la ciudad abierta se ha vencido desde adentro, trátese del Dublín de Joyce, el Petersburgo de Biely, el Berlín de Döblin o el Manhattan de Dos Pasos. Pero esta derrota de la unidad, ¿no es acaso un triunfo de la diversidad, de ese «politeísmo de valores» del cual habló Max Weber?

Quizás no hemos sabido admitir y aprovechar el «politeísmo» urbano. Hoy, la «educación sentimental» es la enseñanza del mestizaje. Nos guste o no, la ciudad «politeísta» ya se encuentra aquí. La energía de las ciudades hispánicas de los EE UU, como Miami o Los Ángeles, depende precisamente de su carácter mestizo. Los Ángeles, que no sólo es hispánica, sino coreana, vietnamita, china y japonesa, promete convertirse en la Bizancio del siglo XXI. Gran novedad para nosotros los latinoamericanos: por primera vez, nos parecemos más y más a los norteamericanos. Lo que nos asemeja es la crisis compartida de nuestras civilizaciones urbanas: Los Ángeles y México, Detroit y Río, Nueva York y Caracas, Lima y Atlanta...

Goytisolo no evade el tema de la ciudad arruinada por dentro. Incluso la llama «la ciudad de los muertos»: «... la metrópoli futura la encuentras aquí: ruinas, vestigios, escombros de una próspera civilización arrasada...» La visión apocalíptica tiene su lado risueño. Abundan en *Paisajes después de la batalla* los accidentes cómicos, los incidentes dignos de los maltratados héroes de la civilización urbana moderna, Buster Keaton, Woody Allen, Peter Sellers. El héroe cómico urbano detesta el olor a vinagre; en el cine colmado, se sienta precisamente junto al espectador que huele a vinagre. Su ineptitud manual es absoluta; no sabe cambiar una llanta de automóvil o cortar correctamente un bistec. Sale a la calle y sólo lee encabezados indeseables: El romance secreto de Julio Iglesias y Margaret Thatcher. Va a una reunión política en la Ópera de París y tocan la tonadilla folclórica que más detesta: «Clavelitos».

El lado sombrío, sin embargo, lleva las de ganar. Las ciudades están ya en guerra, son el espacio de la guerra: «El barrio ha sido acordonado». Guerra objetiva, como lo han demostrado los acontecimientos de Río de Janeiro y Los Ángeles en el Año del Quinto Centenario. También guerra individual, subjetiva, magistralmente evocada en *La cuarentena*. Guerra, en fin, de la individualidad colectiva, es decir, de la cultura y de quienes la recuerdan, la crean y la prolongan: todos nosotros. Dios, en este mundo, es sólo una voz «en off», que comenta la crisis perpetua de la modernidad mientras el novelista la compone y la recompone sin cesar, escribiendo a la intemperie, negándose refugio alguno salvo el abrazo del recién venido, el portador del otro rostro, la otra piel, la otra cocina, la otra fe, el otro lenguaje. «Tribu accidental», llamó Dostoievski a las ciudades. Jamás ha sido más exacta una descripción. En la ciudad, con el otro, de acuerdo con nuestra manera de admitirlo o de rechazarlo, se creará la civilización posible del siglo que viene. Pero los signos son ominosos. Xenofobia, racismo, antisemitismo, antiislamismo, rechazo del sudaca en España, del turco en Alemania, del árabe en Francia; resurgimiento del nazismo: ¿la muerte del comunismo autorizará la resurrección del fascismo?

Formulo una pregunta. En *La cuarentena*, Goytisolo no afirma nada; todo el texto es una, muchas preguntas. Gertrude Stein, al morir, le preguntó a Alice B. Toklas: «¿Cuál es la respuesta?» Toklas no dijo nada. Stein la entendió y dijo: «Entonces, ¿cuál es la pregunta?», antes de dar la espalda (a Alice, al mundo) y morir. La pregunta de Goytisolo asume el riesgo, no de una respuesta, sino de un acto de fraternidad rodeado de abismos: ¿Hay otra voz; no es acaso la mía también? ¿Hay otra piel, otra fe, otra historia, otro sueño: no son acaso, también, míos? Goytisolo descubre que todos los mundos son tanto nuevos como antiguos, y peligrosamente abiertos. Su prosa es la enfermedad y el remedio: una epidemia de contactos, enajenaciones y comuniones. Conocemos al mundo; ahora debemos imaginarlo.

Augusto Roa Bastos: El poder de la imaginación

En el otoño de 1967, coincidí en Londres con Mario Vargas Llosa. Ambos habíamos leído, recientemente, y con admiración, la colección de retratos de la guerra de secesión norteamericana *Patriotic Gore*, por Edmund Wilson. Sentados en un *pub* de Hampstead, se nos ocurrió que no estaría mal un libro comparable sobre la América Latina: una galería imaginaria de retratos. En ese instante, varios espectros entraron al *pub* londinense reclamando el derecho a encarnar. Eran los dictadores latinoamericanos.

Individuos como el mexicano Antonio López de Santa Anna, el gallero cojitranco que jugó y perdió la mitad del territorio del país en la guerra incitada por el presidente James K. Polk y su idea del Destino Manifiesto. Fue once veces presidente de México. Perdió una pierna en la llamada «guerra de los Pasteles» con Francia. La enterró con pompa en la Catedral. El populacho la desenterró y arrastró por las calles al caer el tirano. Pero cada vez que volvió al poder, Santa Anna la volvió a enterrar con pompa, sólo para verla desenterrada y arrastrada cada vez que... Juan Vicente Gómez, durante treinta años presidente de Venezuela, que anunció su propia muerte a fin de castigar a quienes se atreviesen a celebrarla. Maximiliano Hernández Martínez, el tirano que protegió a San Salvador de la escarlati-

na envolviendo en papel rojo el alumbrado público.
El boliviano Enrique Peñaranda, de quien su madre, famosamente, dijo: «De haber sabido que mi
hijo iba a llegar a presidente, le hubiera enseñado a
leer y escribir». Todos ellos constituyen un desafío
para el novelista latinoamericano: ¿Cómo competir
con la historia? ¿Cómo inventar personajes más
poderosos, más locos o más imaginativos, que los
que han aparecido en nuestra historia?

Vargas Llosa y yo invitamos a una docena de
autores latinoamericanos a responder a esta pregunta.
Cada uno debería escribir una novela breve —no más
de cincuenta páginas por dictador— sobre su tirano
nacional favorito. El volumen colectivo habría de llamarse «Los padres de las patrias». Nuestro editor
francés, Claude Gallimard, se convirtió en el padrino
del proyecto. Por desgracia, a la postre resultó imposible coordinar los múltiples tiempos y las variadas
voluntades de los escritores que, si mi memoria es tan
buena como la de El Supremo de Augusto Roa
Bastos, incluían, además de Vargas Llosa y yo mismo,
al propio Roa, al argentino Julio Cortázar, el venezolano Miguel Otero Silva, el colombiano Gabriel García Márquez, el cubano Alejo Carpentier, el dominicano Juan Bosch, a los chilenos José Donoso y Jorge
Edwards (Donoso prometió ocuparse de un dictador
boliviano; su mujer, María Pilar, nació en ese *penthouse*
de las Américas.) Al fracasar el proyecto, tres de los
escritores mencionados decidieron seguir adelante y
concluir sus propias novelas: Carpentier (*El recurso del
método*), García Márquez (*El otoño del patriarca*) y Roa
Bastos (*Yo, el Supremo*).

Carpentier inventó un personaje compuesto
por el dictador venezolano Guzmán Blanco y el presi-

dente guatemalteco Manuel Estrada Cabrera, recreando la figura del déspota ilustrado que prefería pasar la mayor parte de su tiempo oyendo ópera en París, pero que regresaría a su país como un rayo a aplastar levantamientos militares, sin por ello perderse un compás de *Rigoletto*. El Primer Mandatario de Carpentier termina su vida en un apartamento de la Rive Droite que ha retacado de orquídeas, hamacas, palmeras y monos. El Patriarca de García Márquez suma características del venezolano Gómez, el boliviano Peñaranda, el dominicano Rafael L. Trujillo y, especialmente, de los dictadores ibéricos contemporáneos, Francisco Franco y Antonio Oliveira Salazar. Ambos tardaron tanto en morirse que sus muertes parecieron más largas que sus vidas: ¿eran, después de todo, inmortales? Augusto Roa Bastos tiene las manos llenas con una sola vida, la del déspota paraguayo José Gaspar Rodríguez de Francia, quien gobernó a su país como «Dictador Perpetuo» entre 1816 y 1840, el año de su muerte a la edad de setenta y cuatro años.

El resultado es un libro brillante y de riquísimas texturas, un retrato impresionante no sólo de El Supremo sino de toda una sociedad colonial en el proceso de aprender a nadar, aunque sea en el río Paraná, pues Paraguay carece de costa. Aprender a nadar, río arriba o mar adentro: la experiencia paraguaya, la transición de la dependencia colonial a la «independencia» nacional, ha sido en nuestro propio tiempo la de muchísimos países de Asia y África. La América Latina inició el proceso de descolonización desde finales del siglo XVIII. Fue una revuelta inicial, no sólo de lo que más tarde se ha llamado «el Tercer Mundo», sino de los hijos mestizos del Occidente contra el Occidente mismo, aunque con las ideas del Occidente. América Latina, ha escrito Alain Rouquié, es «el Extremo Occidente».

El gobierno del Doctor Francia, de esta manera, coincidió con la épica de la independencia primero, y enseguida con el drama (y los melodramas) de organizar una república independiente. La situación paraguaya era difícil. Aislado en el corazón de la América del Sur, donde había sido la reserva colonial de los jesuitas, rodeado por ambiciosos y gigantescos vecinos —Argentina y Brasil— que Paraguay habría de combatir hasta quedarse sin un solo hombre en edad de portar armas, asediado por una pugna territorial sin fin con Bolivia por la posesión del Chaco, al inicio de su vida nacional Paraguay se vio enfrentado con un dilema: ¿Se había independizado de España sólo para convertirse en provincia argentina o satrapía brasileña?

La posibilidad de una comunidad de naciones hispánicas se frustró cuando nadie le hizo caso al conde de Aranda, ministro de Carlos III, que al proponer la unidad en la independencia del mundo hispánico, pretendía no sólo adelantarse al impulso independentista en Hispanoamérica, sino oponer una alianza viable al poder creciente de la América de habla inglesa. La ocupación de España por Napoleón en 1808 desencadenó las guerras de independencia de la América española. Con ellas, se desataron también las ambiciones de múltiples sátrapas provincianos. En muchos casos, el imperio español de las Américas degeneró en meras «republiquetas». En ellas, una serie de caciques locales afirmaron su dominio contra el gobierno de la república nacional. Las «republiquetas» se extendieron del corral del padre Ildefonso de las Muñecas a orillas del Titicaca al violento feudo de Juan Facundo Quiroga en La Rioja, descrito por Domingo Sarmiento en su libro clásico, *Facundo: Civilización y barbarie.*

¿Civilización o barbarie? ¿Legalidad o violencia? ¿Gobierno nacional o local? La América Española, incapaz de restaurar la comunidad ibérica sobre bases democráticas, escogió el nacionalismo como el mal menor entre una anfictionía perdida y una balcanización latente. Semejante decisión, después de todo, contaba con la bendición filosófica de las doctrinas de la Ilustración o, como el joven Francia le informa a un furibundo cura en la novela de Roa Bastos, «nosotros, en cambio, pensamos construir *todo nuevo* mediante albañiles como Rousseau, Montesquieu, Diderot, Voltaire, y otros tan buenos como ellos».

En Paraguay, Francia decidió convertir la necesidad en virtud, transformando su poder parroquial en poder nacional. Convirtió el hecho del aislamiento paraguayo en pretexto para salvar a su país de la absorción por Argentina o Brasil. Nombrado por sí mismo «El Supremo», Francia prohibió el comercio, los viajes e incluso el servicio postal entre Paraguay y el mundo exterior. Como algún personaje perdido de Evelyn Waugh, el extranjero que se aventuraba a entrar a Paraguay permanecía allí para siempre: El Supremo colocó un enorme aviso de NO HAY SALIDA a las puertas de su feudo. También arropó su chovinismo de fierro con una capa populista. Por necesidad, su república introvertida había de ser autárquica. Francia creó una economía de subsistencia, favoreció la política de la chusma, atacó y debilitó a la Iglesia, pero, al cabo, protegió y fortaleció a los intereses oligárquicos tradicionales. Su prolongado reino demuestra un hecho generalmente ignorado de nuestra historia: el nacionalismo latinoamericano tiene sus orígenes en la derecha, más que en la izquierda intelectualmente orientada hacia el internacionalismo. También ilumina un hecho bastante conocido: el populismo despótico disfraza la parálisis impuesta por el tirano a la sociedad. Hay la impresión del movimiento. Pero nada cambia.

Roa Bastos, nacido en 1917, salió de Paraguay en 1947 y vivió desde entonces en el exilio, mientras duró el reino, más prolongado que el de El Supremo, del general Alfredo Stroessner. Roa Bastos, claro está, vivirá más que los dos tiranos juntos. Es el más eminente escritor de su país. Sus novelas son contadas, contenidas (como conviene a una obra paraguaya) y brillantes. Sin embargo, su obra maestra, *Yo, el Supremo*, aparecida en español en 1974, sólo fue publicada en inglés en 1989, en una traducción magistral de Helen Lane. *Yo, el Supremo* es una *summa* que absorbe toda la obra anterior de su autor. Pues se trata del diálogo de Roa Bastos con Roa Bastos a través de la historia y gracias a la mediación de una figura histórica monstruosa a la cual el novelista debe imaginar y comprender para poder, algún día, imaginarse y entenderse a sí mismo y a su país. La novela absorbe el material histórico para imaginar la historia y crear otra nación, viva en la gestación de sus hechos culturales. Esta segunda nación de la imaginación y la cultura es la fuerza real de un pueblo, no la frágil nación del discurso oficial y el archivo histórico.

La técnica literaria empleada por Roa Bastos propone, ante todo, una relación entre yo y los otros, entre el destino individual y el destino compartido, verdaderamente histórico. La técnica es la escritura misma: la escritura de la historia y la escritura de la novela unidas en la escritura de una vida que sólo puede ser nuestra si nos hacemos cargo de la vida del otro, *Yo, el Supremo* es una voz dirigida a ti el lector, pero también a la figura histórica del Doctor Francia, al personaje fictivo llamado «El Supremo» y a Augusto Roa Bastos el escritor paraguayo. Se inicia, bíblica y literalmente, con la escritura sobre la pared. Un panfletista ha claveteado un pedazo de papel a la puerta de la catedral (¡intimaciones de rebelión luterana!) con la firma falsificada de El Supremo. En este documento apócrifo, el Dictador Perpetuo ordena que «al acaecer mi muerte mi cadáver sea decapitado; la cabeza puesta en una pica por tres días». Convocado por las campanas de la iglesia, el pueblo debe acudir a ver la cabeza de El Supremo; toda su casa civil y militar debe ser ahorcada inmediatamente.

Este anuncio por el Tirano Eterno de su propia muerte desata la escritura proteica de la novela. El dictador le exige a su incompetente secretario que localice al autor del libelo (jamás se ubica). El secretario apunta los dichos de El Supremo. El Supremo los corrige, le habla a su perro Sultán, escribe sus propios secretos en un cuaderno privado que en realidad es, con un simpático gesto dickensiano, «un libro de comercio de tamaño descomunal, de los que usó *El Supremo* desde el comienzo de un gobierno para atentar de puño y letra, hasta el último real, las cuentas de tesorería». Ahora en estos folios, El Supremo escribe, «inconexamente, incoherentemente, hechos, ideas, reflexiones, menudas y casi maniáticas observaciones sobre los más distintos temas y asuntos; los que a su juicio eran positivos en la columna del Haber; los negativos, en la columna del Debe», dice el Compilador que va anotando sus observaciones a lo largo de la novela, creando así un segundo texto espectral, paralelo a, a veces opuesto a, a veces en apoyo de, las divagaciones de El Supremo mismo. Añádase a esto documentos oficiales, una bitácora, retazos de las memorias de personas que conocieron a El Supremo, selecciones de las biografías que se le dedicaron (incluyendo una escrita por Thomas Carlyle), las notas a pie de página, iluminantes, proporcionadas por la traductora Helen Lane (deberían pasar a formar parte de la edición en español) y las respuestas, estremecedoramente ingenuas, dadas por los escolapios a la pregunta gubernamental: ¿Cómo ves la Imagen Sacrosanta de nuestro Supremo Gobierno Nacional? «El Supremo Dictador tiene mil años como Dios y lleva zapatos con hebillas de oro bordadas y ribeteadas en piel», contesta la alumna Liberta Patricia Núñez, de diez años de edad; «El Supremo Dictador es el que nos dio la Revolución. Ahora manda porque quiere y para siempre», escribe otro escolapio, Amancio Recalde, nueve años de edad. Roa Bastos posee un talento especial para revelarnos, en un relámpago, el abismo cultural latinoamericano. La élite venera la modernidad, el progreso y la ley. El pueblo venera a las deidades de la selva. La tradición legal romana es uno de los componentes más recios de la cultura latinoamericana; de Cortés a Zapata, sólo creemos en lo que está escrito y codificado. Pero al lado de esta fe, hay otra que acepta el poder de un cacique capaz de estornudar tres veces para volverse invisible.

Suspendido entre Voltaire y Moctezuma, el Dictador Eterno llena el desesperado vacío entre la razón y la magia, entre la ley y la práctica. Lo hace mediante el capricho y la represión «Los problemas de meteorología política fueron resueltos de una vez en menos de una semana por los pelotones de ejecución» pero también mediante la reforma (el dictador priva al clero de la riqueza y el poder acumulados durante la era colonial); pero, sobre todo, lo hace gracias a la convicción de que él debe hacer lo que hace, y hacerlo como mejor le parezca, porque si no lo hace él, no lo hará nadie. Sin proponérselo, El Supremo revela que está ocupando el espacio de una sociedad civil débil o inexistente. Pero en vez de nutrirla, hace suya la trágica conclusión de la *hubris*: soy indispensable, luego soy historia, «Yo no escribo la historia. La hago. Puedo rehacerla según mi voluntad, ajustando, reforzando, enriqueciendo su sentido y verdad».

Escribir y reescribir la historia: en ello estriban la grandeza y la servidumbre de El Supremo. A su pueblo le ofrece una Utopía enferma, en la que el orden es un fin en sí mismo. Paraguay, bajo Francia, fue indudablemente un lugar tranquilo. También lo son los cementerios. La grandeza del personaje es que, al cabo, no tiene otra manera de acercarse a la historia sino escribiéndola; sólo así puede rehacerla, ajustarla, enfatizarla o enriquecerla. Dice que puede emitir una «circular perpetua», una especie de *úkase* metafísico para todos los siglos. Pero es dolorosamente consciente de lo que le espera: es dueño, casi, de una conciencia trágica. Sabe que él mismo es una ilusión: «La quimera ha ocupado el lugar de mi persona». No es capaz de controlarlo todo. Y lo sabe también: «Lo que sucede es que nunca uno llega a comprender de qué manera nos sobrevive lo hecho». No puede decir, como el Kurtz de Joseph Conrad: «El horror, el horror». El personaje de *Corazón de tinieblas* ha ejercido el poder sobre la nada; este es su horror y la conciencia de su horror. El interés humano de la criatura de Roa Bastos consiste en habernos ofrecido, lejos del estereotipo acerca del dictador latinoamericano, a un hombre en pugna consigo mismo: un monstruo bendecido con una especie de libertad barroca. Puede sentirse irremplazable y, al mismo tiempo, concebir su propio cadáver como unos cuantos restos dentro de un viejo cartón de fideos —donde, en efecto, termina—.

A El Supremo no le gustan los escritores. Le gustaría, en cambio, encogerlos y arrugarlos a fin de meterlos dentro de una botella. Sin embargo, mientras le da batalla a las palabras que prolongarán su vida más allá de sus hechos, El Supremo depende cada vez más del otro paraguayo, el novelista Roa Bastos. Es éste quien mantiene la perversa humanidad del déspota mediante palabras, historias, papeles y, sobre todo, mediante imágenes y metáforas. En una parte del libro, el dictador, siendo niño, es remado río abajo en una canoa por un hombre que dice ser su padre y que lo lleva a la Universidad en Córdoba. Esta imagen de la humanidad de El Supremo contrasta con la descripción de su poder escenificado en el mismo río. Un prisionero político es condenado a remar para siempre. Puede detenerse en sitios predeterminados para recoger sus alimentos. Pero enseguida debe volver a remar, río abajo o río arriba, incesantemente. «Es una sola entera mata de pelos cuya cola de más de tres metros se arrastra en la corriente mientras boga.» Mientras tanto, tres acólitos portan cirios encendidos que ni la lluvia ni el viento pueden apagar. Un viejo cacique evita la blanca lepra de la luna y camina con bujías encendidas en su sombrero. Los jinetes paraguayos cargan, desmontan, ensillan y desensillan, vuelven a la carga y le arrancan lanzas a la tierra. Una cabeza es exhibida dentro de una jaula de fierro y la ropa de El Supremo se vuelve roja a la luz de un sol repentino que aparece en el cielo, mágicamente deteniendo el viento y la lluvia. «Crucé la Plaza de Armas, seguido por un creciente gentío que vitoreaba mi nombre.»

El Supremo entra, esta vez para siempre, a Asunción, «esta roja Jerusalén sudamericana». Los papeles de esta novela nos dicen que esto fue así: Los papeles sobrevivieron, pese a las ratas y el fuego que por poco los consumen pocos días antes de la muerte de El Supremo.

Augusto Roa Bastos ha sobrevivido a todos los tiranos del Paraguay, del Doctor Francia al general Stroessner, para alcanzar la edad de Cervantes, que tiene todas las edades.

Los temas de este gran autor hispánico son el yo y el otro, el destino individual y el destino histórico visto como destino compartido. Roa Bastos sabe que sólo puede tratarlos escribiéndolos. Al escribir la novela, escribe la verdadera historia, y al escribir la novela y la historia, escribe una vida que sólo puede ser nuestra si asumimos la responsabilidad de comprender la vida del otro. Este esfuerzo convierte a Roa Bastos en un gran escritor de la imaginación del poder en su lucha constante con el poder de la imaginación.

Nada más ajeno, más distante, más *otro*, si de eso se trata, que este dictador monstruoso, encerrado en la prisión que ha mandado construir al tamaño de un país, pero en la cual él mismo es prisionero. Entender al monstruo que ejerce el poder en nombre de los ciudadanos que son el origen verdadero del poder, es la misión que Roa Bastos se propone cumplir. El escritor crea a una sociedad mediante el lenguaje. Recobra las palabras para la sociedad civil, se las arrebata paso a paso al poder abstracto de Yo, el Supremo, de todos los supremos, para entregárselas a un vasto Nos-otros.

Sergio Ramírez: el derecho a la ficción

Cuando mis padres determinaron que yo debería estudiar leyes porque de seguir mi vocación de escritor seguramente me moriría de hambre, me enviaron a visitar al gran polígrafo mexicano don Alfonso Reyes, que además de escritor era licenciado en Derecho. Don Alfonso me recordó que México es un país muy formalista y que el título profesional es el asa que a los demás les permite levantar la tacita de nuestra existencia.

Reyes añadió, sonriendo: «¿Por qué crees que Stendhal dijo que el Código Civil francés era el mejor modelo para escribir una novela?».

He recordado esta conversación leyendo la magnífica novela centroamericana de Sergio Ramírez *Castigo divino*. Su lenguaje más inmediato es el de los códigos y los procesos penales, las acusaciones y acumulación de pruebas de nuestra tradición legal, romana, hispanoamericana y francesa. Históricamente, entre nosotros, la fe en el Derecho escrito de origen romano es constantemente viciada por la práctica del contubernio y la movida chueca («la ley se obedece, pero no se cumple»). El racionalismo francés encarnado en la arquitectura jurídica y sintáctica del Código de Napoleón establece el compromiso entre la ley escrita y la práctica política.

Sergio Ramírez incluye en su novela las tres vertientes del legalismo en América Latina; cada una implica un desplazamiento con respecto a las otras dos. El Derecho Romano convierte la palabra escrita en fundamento de la realidad. La práctica latinoamericana rinde pleitesía a este concepto pero nos sumerge de hecho en el mundo de la maldición gitana («Entre abogados te veas»). Y entre abogados nos hemos visto siempre: en 1521, antes de la caída de la capital azteca, Tenochtitlan, la burocracia habsburga ya había llenado todos los puestos administrativos de la futura colonia. Por supuesto, éstos no les fueron acordados a los conquistadores, sino a los tinterillos, plumíferos y leguleyos que desde entonces, como una nube de cuervos, han revoloteado sobre campos y ciudades de Latinoamérica.

Pero el tercer movimiento, lo que podríamos llamar el movimiento stendhaliano, somete tanto la letra original de la ley como sus apasionadas violaciones al paso por un tamiz de orden, ironía y rigor. Este es el movimiento de Sergio Ramírez, y gracias a él el escritor puede ver con ironía y distancia, pero al mismo tiempo con intimidad y humor extraordinarios, un suceso criminal, el proceso contra Oliverio Castañeda, Oli, elegante y joven diplomático y abogado guatemalteco acusado en 1933, en la ciudad de León (Nicaragua), de haber envenenado a su esposa, al distinguido impresor leonés don Carmen Contreras, que lo alojó en su casa, y a la hija de éste, Matilde.

Ramírez se basa en hechos reales; lo mismo hicieron Stendhal en *Rojo y negro* y Flaubert en *Madame Bovary*. Pero los novelistas franceses convirtieron el *fait divers* en literatura gracias a un desplazamiento; en Stendhal, la información que el novelista recibe leyendo la Gaceta de los Tribunales sobre el crimen del seminarista Antoine Berthot se transforma en la información que el novelista nos da respecto a la pasión de Julien Sorel. Lo interesante en el caso de Stendhal es que la novela, forzosamente, tiene que terminar igual que la nota periodística. Berthot/ Sorel disparan contra sus amantes mientras éstas rezan en la iglesia. Entre la información recibida, que es inicio y clausura del relato, Stendhal introduce otro orden de la información, que es el de la imaginación, que es la manera de conocer en literatura.

Sergio Ramírez, en cambio, emplea el tamiz stendhaliano para distanciar y hacer objetiva la narración de los hechos, pero el desenlace les otorga una ambigüedad tremenda. El melodrama judicial de Oliverio Castañeda termina no de una sola manera (como el de Berthot/Sorel), sino de muchas. Que esta ambigüedad esté ligada a la incertidumbre política, al probable abuso de la autoridad, a la cínica fatalidad de la-ley-se-obedece-pero-no-se-cumple, no le resta al desenlace de *Castigo divino* un ápice de fuerza trágica; la aumenta, la diversifica, la siembra en cada una de las probabilidades que continúan abiertas en nuestro ánimo al conocer el fin del envenenador supuesto, Oli Castañeda.

No revelo este final; simplemente llamo la atención sobre el giro extraordinario que Ramírez da a la literatura derivada de la crónica. Flaubert, claro, convierte el desplazamiento novelesco en arte consciente de sí mismo; Emma Bovary no es la adúltera y suicida provinciana de la nota roja, porque madame Bovary es el ejemplo supremo de un personaje que dentro de su novela se desplaza a sí misma para verse como otra, pero sin calcular el abismo que así abre entre su condición social y su ilusión psíquica. Con razón escribe Henry James que éste es el primer personaje de novela cuya corriente interior podemos seguir de un extremo al otro. El drama es que la corriente interna desemboca en la nada externa porque la capacidad que tiene Emma Bovary de verse como otra la conduce a la incapacidad de verse como lo que sea: su desplazamiento es una inmovilidad; es el suicidio.

Ramírez extiende la técnica flaubertiana a una sociedad entera, verdadero microcosmos de la América Central, pues aunque situada en León, la acción reverbera en Costa Rica y Guatemala. De todos modos, estamos, más que en cualquier otra novela que yo haya leído, en Centroamérica, y estamos allí dentro de un abrazo tan húmedo y sofocante como el clima mismo y los atributos pueblerinos que lo acompañan: la cursilería empalagosa, la mojigatería más hipócrita, la violencia más impune. Sociedad de linderos invisibles donde los hombres de negocios citadinos tienen todavía fincas lecheras y llegan a trabajar a sus oficinas con botas embadurnadas de excremento de vaca y donde la importación apresurada, casi angustiosa, de los objetos de la modernidad no logra disfrazar el imperio del capricho y la violencia más arcaicos.

Civilización y barbarie: nuestro tema decimonónico es traspuesto por Sergio Ramírez a una gran comedia novelesca acerca de las maneras como los latinoamericanos nos disfrazamos, nos engañamos y a veces hasta nos divertimos, arrojando velos sobre el «corazón de tinieblas» conradiano. Contra la selva que otro día se tragó a Arturo Cova, maleza física, moral y política, levantamos las construcciones —a veces meras aldeas Potemkine— que Sergio Ramírez aquí describe y emplea críticamente, observando cómo nos sirven para distanciarnos de la violencia impune, que dijo Rómulo Gallegos.

Nadie antes ha sido tan consciente de lo que está haciendo a este respecto. Novela escrita con la diversidad de lenguajes que identifica el estilo mismo de la novela, a partir de Cervantes, pero sobre todo con el estilo de la novela cómica, *Castigo divino* incluye el lenguaje del cine, supremo espectáculo de lo moderno. La llegada del cine a las pequeñas ciudades y aldeas es uno de los principales eventos culturales de nuestro siglo en la América Latina, y Ramírez lo utiliza para partir de él: *Castigo divino* es el título de un viejo melodrama criminal con Charles Laughton, basado en la novela de C. S. Forester *Payment Deferred*. Se exhibe en León y es también la historia de un envenenador.

Pero además del cine, el disfraz modernizante —la fuga del «corazón de tinieblas»— está presente en la minuciosa letanía de productos de consumo que hacen su aparición primeriza en la América Central: la botella de agua mineral Vichy-Céléstins, el piano de cola Marshall & Wendell, el gramófono Victor, los vuelos de la Panaire, el aparato de radio marca Philco, la máquina de escribir Underwood, el Tricófero de Barry, los sedantes de Parker & Davis y el bacalao de la emulsión de Scott.

Esta diversidad nominativa del producto de consumo corre paralela a la diversidad de lenguajes que anima la escritura de *Castigo divino*. Los productos se reúnen en algunos sitios: la tienda La Fama, del ya mencionado don Carmen Contreras, y la droguería del doctor David Argüello. La farmacia, como en *Madame Bovary*, es un espacio privilegiado de la vida rural-citadina, y en ella se venden los venenos que son como el fluido oscuro de la acción: quién los vende, quién los compra y en qué estómagos terminan. Émile Zola, Federico Gamboa y el toque perverso de algún dibujo de Julio Ruelas: el naturalismo asoma su seno pútrido sólo para que en seguida lo cubran dos lenguajes, dos estilos diferentes pero complementarios. El naturalismo es primo hermano del positivismo latinoamericano: novela de doctores y de doctos, *Castigo divino* pone en escena a un divertidísimo grupo de médicos provincianos empeñados en demostrar que aquí no somos curanderos, sino científicos.

Apóstoles de la civilización más civilizada, que es la científica, los doctores Darbishire y Salmerón no pueden evadirse, sin embargo, de la otra máscara que nos protege de los anofeles de la barbarie, y ésta es la máscara sublime de la cursilería, el lenguaje de poetas frustrados convertidos en periodistas ampulosos. Las espléndidas crónicas periodísticas de Rosalío Usulutlán en el diario local son una verdadera cumbre de este estilo en el que las señoritas son siempre «venero de bondades y encantos», y sus madres, «crisol de virtudes», cuando no «inconsolables viudas».

El simbolismo desemboca en el bolero; Luis G. Urbina no anda muy lejos de Agustín Lara, y a veces uno de los deleites de *Castigo divino* es imaginar a esta novela cantada por las voces, que se escuchan en sus páginas, de María Grever y el doctor (¡otro más!) Ortiz Tirado. *Castigo divino*, a este nivel, es un gran monumento *camp* de la cultura latinoamericana, tan pródiga en signos, símbolos y artefactos que, de tan malos, resultan buenos. La cursilería es el fracaso de otra intención civilizadora contra la barbarie ambiente. La palabra misma es una corrupción de una vieja virtud lombarda, según Garcilaso, que es la cortesía; es la caricatura de un ademán inglés, la *curtsy* o inclinación cortés ante quienes merecen nuestro respeto o nuestro deseo.

Combate de lenguajes, lenguajes híbridos que se iluminan unos a otros pero que al cabo adquieren su sentido en el tamiz del verbo judicial. El lenguaje del Derecho en *Castigo divino* es norma de la escritura, instancia autocrítica, porque también es un lenguaje científico, modernizante, que sustituye al brujo del pueblo con el eminente Lombroso y a la limpia de almas con el estudio de la frenología. Esfuerzo titánico, asombroso, por someter la heteroglosia del chisme, la cursilería, el sentimentalismo, la ciencia, el periodismo y la política a un rigor racional digno de Napoleón y Stendhal, el lenguaje del Derecho que domina la construcción de esta novela cumple su propósito pero lo cumple cómicamente, revelando aún más la estratificación de los lenguajes y las distancias entre quienes los practican. Y lo cumple trágicamente también: la máscara del Derecho no oculta, al cabo, el rostro de la injusticia. El corazón de las tinieblas no ha sido domesticado.

El melodrama es la comedia sin humor. Sergio Ramírez le devuelve la sonrisa al folletín, pero al final esa sonrisa se nos congela en los labios; estamos de vuelta en el corazón de las tinieblas. Entre la plenitud de la comedia y la inminencia de la tragedia, Sergio Ramírez ha escrito la gran novela de Centroamérica, la novela que hacía falta para llegar a la intimidad de sus gentes, para viajar a la frontera misma entre sus tradiciones persistentes y sus posibilidades de renovación.

El desenlace de *Castigo divino*, justamente, ocurre entre los elementos fatales, repetidos, de un volcán vomitando cenizas, un niño con la imagen de Jesús del Rescate «aprisionada tras barrotes de madera», un burro arriado por otro niño, y el periodista Rosalío Usulutlán envuelto en una manta de hule, guiándose entre la ceniza con un farol y huyendo del pueblo, el «Edén subvertido por la metralla» de López Velarde.

Las imagenes fatídicas, sin embargo, aparecen al lado del ánimo del lector, envuelto en ambigüedades que lo son porque hemos usado nuestra libertad creadora, compartiéndola con el escritor. Esto me recuerda otra manera de emplear en la novela el hecho real leído en el periódico.

Es la manera de Dostoievski. En la década de 1860-1870, el novelista ruso se dedicó a devorar periódicos y revistas como parte de su interés en las relaciones entre la vida y la novela, pero no encontró en los diarios nada que superase su propia imaginación. En consecuencia, escribió *Crimen y castigo*. Pero poco antes de que la novela se publicase, un estudiante de nombre Danilov, solitario, inteligente y guapo, asesinó y robó a una prestamista y a su criada. Dostoievski, de esta manera, tuvo la sorpresa de leer su propia novela, a punto de aparecer, en la crónica roja de la Prensa. «Mi idealismo», escribió al enterarse, «es mucho más real que el realismo de los escritores realistas... Gracias a mi realismo, yo he profetizado lo que al cabo ha ocurrido».

Lo mismo, en su intimidad histórica y personal, si no en su anécdota, puede decirse de Sergio Ramírez y de *Castigo divino*: crónica de la América Central, esta novela también es, de una manera insustituible, la profecía de lo que somos. El castigo es divino, pero el crimen es humano y en consecuencia no es eterno. Su nombre es la injusticia.

Héctor Aguilar Camín: La verdad de la mentira

Tuve la fortuna de leer la última novela de Héctor Aguilar Camín, *La guerra de Galio*, al mismo tiempo que revisaba el libro de Franco Ferrucci *The Poetics of Disguise*. La novela de Aguilar Camín lleva varios meses a la cabeza de los libros de mayor venta en México. Muchos lectores y comentaristas atribuyen este gran éxito a la aparición en sus páginas, como personajes centrales y secundarios, de un buen número de figuras de la vida pública de México.

Los personajes son fácilmente identificables. La situación también lo es: las guerrillas de los años setenta; la pugna entre el poder y la prensa hace quince años. El segundo tema lo había tratado ya, como reportaje verista, uno de nuestros más destacados y versátiles escritores, Vicente Leñero. ¿Era necesaria, entonces, esta novela de Aguilar Camín?, se preguntan algunos críticos. ¿Posee otro interés que no sea el muy morboso de identificar a los personajes?

Mis respuestas, en ambos casos, son afirmativas. La novela en clave entraña sus propios riesgos y Aguilar Camín los ha corrido, aunque un epígrafe del autor advierta que «Todos los personajes de esta novela, incluyendo a los reales, son imaginarios». Lo mismo pudieron decir Aldous Huxley, que en *Contrapunto* hizo desfilar a la fauna literaria y política de la Inglaterra de la primera posguerra; o Simone de Beauvoir, que en *Los mandarines* hizo otro tanto por los cenáculos parisinos de la segunda posguerra. Pero Aguilar Camín no ha hecho una profesión del misterio, como Roger Peyrefitte en sus novelas.

Más bien, se acerca a un modelo ilustre, el de La Bruyère, cuyos *Caracteres*, en el siglo XVIII, causaron sensación, más que por la extraordinaria calidad de la escritura y de las ideas, por la sucesión de claves sobre personajes de la época. Las correspondencias entre los personajes literarios y los modelos de la vida real fueron anotados en los márgenes de los ejemplares para venderlos mejor. Al cabo, se publicó una clave para leer *Los caracteres*. De esta manera, el lector podía leer a La Bruyère con un librito de compañía explicándole quién era quién. Quizás Héctor Aguilar Camín termine por hacer lo mismo. Aunque su espíritu lúdico podría llevarle a atribuir a sus personajes identidades distintas de las que les otorga la *vox populi*.

La autobiografía de una obra

Pero si dentro de cincuenta o cien años se sigue leyendo *La guerra de Galio* (y yo apuesto, otra vez, por la afirmativa) ya no será por curiosidad acerca de si en ella aparecen Fulano o Mengano, sino por los valores que hacen de esta una novela necesaria. Pues si el autor, con pleno derecho, disfraza a sus modelos para hacerlos «imaginarios», el verdadero disfraz de la obra está en ella misma, en su interior, en su razón de ser y en su verdad más íntima.

Aquí es donde mi lectura de Ferrucci resultó oportuna y coincidente. El profesor de Rutgers alega que toda obra literaria tiene su autobiografía. Ferrucci nos obliga a entender que existe una autobiografía de la obra, distinta de la autobiografía del autor y, por supuesto, de la biografía de los personajes.

Una novela, por ejemplo, crea su propia biografía en el momento en que se separa de sus modelos, en la realidad o en la literatura, y crea su propia realidad y su propia literatura (al cabo la misma cosa). Cervantes, digamos, derrota el modelo de las novelas de caballería. Dostoievski derrota el modelo de las novelas por entrega. Pero al mismo tiempo, el autor disfraza el modelo que le sirve para crear una nueva obra con estrategias simbólicas. Siempre es más fácil juzgar lo que un novelista deja atrás, que adivinar el horizonte que abre. Y raro es el novelista que, como Laurence Sterne, hace evidente, en las palabras de Schklovsky, el entramado y la técnica de su obra.

Más cercano a Dostoievski que a Sterne, Aguilar Camín participa, sin embargo, del universo gestual, gestante, de nuestro padre Homero. En la *Odisea*, advierte Ferrucci, podemos observar cómo se hace la obra, cómo se gesta, cómo se forma la autobiografía del poema. Pero esa verdad se basa en un engaño. La *Odisea* es la historia de un hombre que debe disfrazarse para obtener lo que quiere: el regreso a Ítaca. Ante el gigante Polifemo, el héroe, para escapar disfrazado, declara que es Nadie. Pero sólo Nadie puede llegar a ser Alguien. Disfrazado, Ulises viaja capturado, al mismo tiempo, por un pasado colectivo, arquetípico, que lo identifica demasiado. Este es el pasado que compartió con Héctor y Aquiles. Pero ellos no regresaron.

El regreso de Ulises es una violación del pasado porque la tragedia es violada. Esta vez, el regreso a la ciudad tiene un final feliz. Ulises no es Agamenón. Y Ulises regresa sólo porque se disfraza. Nadie se vuelve Alguien.

Mediante esta estrategia, Homero nos permite ver la obra en el momento de hacerse. Mediante el disfraz, la mentira, el poeta nos brinda acceso a la autobiografía del poema.

Entre santo Tomás y Voltaire

Cito la autobiografía de la *Odisea* analizada por Franco Ferrucci como una recomendación para la lectura de *La guerra de Galio*. Atribuyo a Héctor Aguilar Camín, uno de los más inteligentes escritores mexicanos de la generación —veinte años menos— que sigue a la mía, talento de sobra para presentar una biografía aparente de su novela, que engolosine y distraiga a muchos críticos y lectores, permitiendo a la obra que se construya disfrazada.

Pero detrás del disfraz del *roman-à-clef*, hay una verdad y la de esta novela es que es un canto sobre los desperdicios, un poema desde los sótanos de la existencia de eso que Adorno llamó una humanidad dañada. Igual que Adorno, Aguilar mira de frente el daño humano, pero se niega y nos niega cualquier impulso romántico al retorno prístino, a la restauración de la unidad perdida. No soportaríamos un mundo justo, nos dicen Adorno y Aguilar.

En cambio, podemos ir hacia adelante con la conciencia crítica de que, si hemos de crear valores, los encontraremos en la ausencia de unidad, en la diversidad, en eso que Bajtin celebra como la fuerza centrífuga y sus manifestaciones novelísticas: la diversidad y conflicto de lenguajes, la novela como arena de lucha y encuentro de civilizaciones, tiempos, ideas, y no sólo de personajes.

El tiempo y el lugar de ese encuentro en *La guerra de Galio* es la historia y es México. Entre la picaresca y el melodrama, entre Lizardi y Revueltas, entre Payno y Azuela, entre Guzmán y Del Paso, la literatura mexicana ha dado obras que transcienden e incluso corroen los modelos de unidad que han constituido los disfraces de la legitimación en nuestro país. La virtud de *La guerra de Galio* es que deslinda y distingue con una claridad deslumbrante, aunque en una atmósfera turbia, las pasiones y posiciones reales del disfraz político. En éste rincón, el tomismo medieval. En este, la ilustración dieciochesca. El réferi se llama la modernidad. Pero debajo del ring esperan, inquietos, gruñentes, los salvajes, los bárbaros, los caníbales...

País tomista en un sentido, México siempre le ha dado a la unidad y a la autoridad central que lo representa el poder necesario para obtener el bien común, que es el objetivo supremo de la política escolástica. *La guerra de Galio* no sólo demuestra esto, sino que lo encarna dramáticamente en el combate de dos élites: el gobierno y la prensa, La República y *La república*, El Poder y el cuarto poder. Entre ambos, se establece «un correo interno de la élite del país», en el que las palabras son la realidad. Periodismo de declaraciones, más que de hechos, corresponsivo con una política de declaraciones también y de hechos que no coinciden con las palabras. No es de extrañar que los personajes, sobre todo Galio, se envenenen hablando; las palabras son su vicio, su compulsión, su única prueba de, y similitud con, el poder.

Pero si las palabras de la élite intelectual se agotan en sí mismas, las del poder pueden convertirse en actos, a pesar de que, o precisamente porque, contradicen a las palabras. Todo el debate gira en torno a esa pregunta: ¿Qué clase de actos políticos darán cuenta de nuestras palabras? ¿Continuaremos los mexicanos, como lo vio claramente el historiador inglés David Brading, imponiendo un proyecto liberal, ilustrado, comprometido (en el sentido de compromiso entre muchas partes) a «un país construido en la tradición inversa», que es sacralizante, conservadora, intolerante, hija al cabo de Moctezuma y Felipe II? ¿O abandonaremos el compromiso liberal, hecho por partes iguales de concesiones, autoengaños y *aufklarung*, para descender a «Ese horror que ustedes no sospechan»: un caos criminal, subterráneo, nuevamente artificial, comparable casi al primer grito y a la primera cuchillada?

El *duelo de las élites*

La guerra de Galio es la historia de un duelo entre las dos élites de México: la oficial y la crítica. Por supuesto, el país no se agota allí. El «misterio liberal» al que alude Brading nunca ha querido darle su oportunidad a la sociedad posible, alternativa. Se teme al «México bronco», al «tigre desatado».

La sociedad alternativa se hizo presente en dos de las facciones de la revolución mexicana: las de Pancho Villa y Emiliano Zapata. El aura de Zapata es la de haber logrado hacer realidad, por un breve tiempo, la sociedad alternativa, local, basada en la cultura del autogobierno.

En *La guerra de Galio*, los jóvenes guerrilleros de clase media abandonan sus hogares, sus estudios, sus ciudades, para darle otra oportunidad a la revolución perdida. La pregunta crítica es la siguiente: ¿Qué impedirá que, si llegaran al poder, las guerrillas impusieran su ideología como una nueva élite movida por la razón histórica y el bien común?

Todos estos peligros se han hecho palpables en la América del Sur. El polpotismo delirante del Sendero Luminoso en Perú es otra cara de la barbarie de las dictaduras torturantes de Videla y Pinochet. Entre la escolástica de la derecha y la de la izquierda, el poder moderno de México se ha presentado como una opción liberal imperfecta, perfectible y en todo caso viable, cuya ilustración depende de dos cosas: admitir la crítica, pero no soltar el poder. Federico de Prusia y Catalina la Grande se hubiesen sentido a gusto en México a partir de 1920; Voltaire y Diderot también. Tom Paine, jamás.

De la náusea a la esperanza

¿En qué medida ha logrado el poder en México, no sólo apropiarse de, sino identificarse con las claves profundas de las clases pensantes del país? Wilhem Reich atribuye al nacionalsocialismo el éxito de haber comprendido y secuestrado la cultura de Alemania, mientras los comunistas y los socialistas hablaban de infraestructuras económicas y le abandonaban la «superestructura» cultural a Hitler.

La novela de Aguilar Camín se debate, se agita y se sufre al nivel de esa *superestructura* que, como lo está revelando todos los días la historia actual, es la verdadera *infraestructura* de la sociedad. Si Marx puso de cabeza a Hegel, ahora Nietzsche ha puesto de cabeza a Marx. Pero los personajes de Aguilar Camín, producto de la interpretación dominante a partir de Hegel, aun no lo saben. Quisieran el poder para cambiar la «infraestructura» económica. No saben usar el poder de la cultura. Ni siquiera saben que ya lo tienen porque actúan, o pueden actuar, en la «superestructura» cultural.

De allí la confusión, la amargura, la derrota de los Galio y de los Sala, los Santoyo y sobre todo el protagonista, ese «desperdicio llamado Vigil», el historiador convertido en periodista. La verdad es que todos los mexicanos hemos vivido por lo menos una parte de esta *Guerra de Galio*. Todos conocemos a los hombres brillantes que dejaron el talento en la charla de café, la borrachera, la política fraguada entre el burdel y la cantina, la comelitona y la antesala del señor ministro. Todos conocemos a las mujeres que perdieron el amor porque el amor fue el desperdicio máximo de estas generaciones desperdiciadas.

Todos sonreímos y nos encogemos de hombros al reconocernos en esta cultura de la cuba libre y el bolero. Aguilar Camín ha vivido y escrito todo esto por nosotros. De allí la admiración y la gratitud de muchos lectores. Estas biografías laceradas son, o pudieron ser, las nuestras; su baño amniótico es el desgaste, el asco. Más que la novela de Sartre, esta de Aguilar merece el título de *La náusea*.

No oculto, pues, la desazón y las rasgaduras que produce la lectura de este libro. Pero criticar al autor porque aquí no hay amor es negar la razón de ser de este libro: aquí no puede haber amor, porque el amor es la primera víctima del mundo de Galio.

Pero si no puede haber amor, ¿puede haber democracia?

Nadie, ni en México ni en ninguna parte del mundo, quiere perder esa doble esperanza, la democracia y el amor, la felicidad política y la felicidad amorosa. Intentamos el amor, aunque fracasemos. Intentamos la democracia, aunque una y otra vez el esquema autoritario —ilustrado a veces, otras represivo— se imponga al cabo. Y sin embargo, sin prejuzgar la buena fe de nadie, puede decirse que casi no existe un intelectual mexicano (me incluyo en ello) que en un momento de su vida no se haya acercado al poder, confiado de que podía colaborar para cambiar las cosas, impedir lo peor, salvar lo salvable.

Galio es el ejemplo más atroz del posible cinismo de este empeño. Vigil mismo, el ejemplo mejor de una entrega esperanzada a la vida pública. Ambos fracasan. Ignoran que en México (esta es la lógica del poder) todo ocurre una sola vez y para siempre, aunque se repita (casi ritualmente) en mil ocasiones. Bastó una reforma agraria, aunque fracase, para que no hubiera dos. Bastó una matanza de Tlatelolco para no repetir el error. Bastó un fracaso electoral en 1988 para que eso no ocurra nunca más. Basta, en otras palabras, una revolución mexicana para que no haya, nunca, otra.

Tal es el desafío del poder. ¿Lo recogerá una sociedad civil en gestación, a ratos enérgica, a ratos exhausta? ¿Triunfará al cabo una democracia mexicana más amplia y representativa, capaz de la, hasta ahora, imposible alternancia en el poder? ¿Triunfará el compromiso liberal? ¿O triunfarán la pistolerización, la impunidad, el sótano?

Asomado al abismo del horror, lo que Rómulo Gallegos llamó «la violencia impune», Héctor Aguilar Camín encuentra en su propia crítica un motivo de aliento. La autobiografía de la novela se convierte en la autobiografía del tema de la novela —México, su política, su sociedad— cuando el autor nos habla de «la trágica generosidad de la vida mexicana, su enorme capacidad de dispendio humano y de resistencia... no sé qué fatalidad estoica, maestra de la vida dura e injusta, impasible como el tiempo, severa y caprichosa como él, matrona de la adversidad y de la lucha incesante, costosísima, por la plenitud de la vida».

Aguilar Camín, como Odiseo, ha viajado capturado por un pasado colectivo, arquetípico. Pero al escribirlo, ha violado sus códigos, ha traicionado a su mundo, lo ha abierto a su propia verdad, ha revelado sus secretos: Sólo podemos ser algo a partir de la nada aquí descrita; sólo podemos ser algo mejor a partir de este horror que aquí les muestro; la medida de nuestra salvación está en la energía de nuestra degradación.

No sé si esta es, al cabo, la respuesta de una cultura cristiana, pero no de un cristianismo beato sino de ese cristianismo trágico, de opciones difíciles, que entre nosotros prefiguró José Lezama Lima. ¿Es *La guerra de Galio*, secretamente, un gran oratorio religioso, una misa degradada en la que oficia santo Tomás, Voltaire y Al Capone?

El mundo actual nos exige ver de frente cuanto hemos sido sin engaños. Pero para conocer la verdad, no hay camino más seguro que una mentira llamada la novela. Quizás el secreto de la gran novela de Héctor Aguilar Camín es el de una cultura trágica como parte indispensable de la modernidad. No me atrevo a jurarlo. El escritor, por serlo, se ha guardado bien de revelarnos la autobiografía de su obra. No está la clave de ella en la clave de los personajes, sino en esa parte de mentira que siempre es la verdad de una novela.

Milan Kundera: El idilio secreto

En diciembre de 1968, tres latinoamericanos friolentos descendimos de un tren en la eternidad de Praga. Entre París y Múnich, Cortázar, García Márquez y yo habíamos hablado mucho de literatura policial y consumido cantidades heroicas de cerveza y salchicha. Al acercarnos a Praga, un silencio espectral nos invitó a compartirlo.

No hay ciudad más hermosa en Europa. Entre el alto gótico y el siglo barroco, su opulencia y su tristeza se consumaron en las bodas de la piedra y el río. Como el personaje de Proust, Praga se ganó el rostro que se merece. Es difícil volver a Praga; es imposible olvidarla. Es cierto: la habitan demasiados fantasmas.

Sus ventanas espantan; es la capital de las defenestraciones. Se mira hacia ellas y siguen cayendo, matándose sobre las losas pulidas y húmedas de la Malastrana y el Palacio Cerni, los reformadores husitas y los agitadores bohemios; también, nacionalistas del siglo XX y comunistas que no encontraron su siglo. No fue el nuestro el que correspondió a Dubcek, aunque sí a los dos Massaryk. Entre el Golem y Gregorio Samsa, entre el gigante y el escarabajo, el destino de Praga se tiende como el Puente de Carlos sobre el Ultava: cargado de fatalidades escultóricas, de comendadores barrocos que acaso esperan la hora del encantamiento interrumpido para girar, hablar, maldecir, recordar, escapar al «maleficio de Praga». Aquí estrenó Mozart su *Don Giovanni*, el oratorio de la maldición sagrada y la burla profana trascendidas por la gracia; de aquí huyeron Rilke y Werfel; aquí permaneció Kafka. Aquí nos esperaba Milan Kundera.

Si la historia tiene un sentido...

Yo había conocido a Milan en la primavera de ese mismo año, una primavera que llegaría a tener un solo nombre, el de su ciudad. Fue a París para la publicación de *La broma* y lo agasajaron Claude Gallimard y Aragon, que escribió el prólogo para la edición francesa de esa novela que «explica lo inexplicable». Añadía el poeta francés: «Hay que leer esta novela. Hay que creer en ella».

Me fue presentado por Ugné Karvelis, quien desde principios de los sesenta decía que los dos polos más urgentes de la narrativa contemporánea se encontraban en la América Latina y en la Europa central. No, Europa oriental no; Kundera brincó cuando empleé esa expresión. ¿No había yo visto un mapa del continente? Praga está en el centro, no en el este de Europa; el oriente europeo es Rusia, Bizancio en Moscovia, el cesaropapismo, zarismo y ortodoxia.

Bohemia y Moravia son el centro en más de un sentido: tierras de las primeras revueltas modernas contra la jerarquía opresiva, tierras de elección de la herejía en su sentido primero: elegir libremente, tomar para sí; foros críticos, apresurados tránsitos a lo largo de las etapas dialécticas: barones vencidos por príncipes, príncipes por mercaderes, mercaderes por comisarios, comisarios por ciudadanos herederos de la triple herencia consumada de la modernidad: la rebelión intelectual, la rebelión industrial y la rebelión nacional.

Ese triple don había otorgado un contenido al golpe comunista de 1948: Checoslovaquia estaba madura para pasar del reino de la necesidad al reino de la libertad. Los comisarios del Kremlin y los sátrapas locales, con toda su ciencia, no se dieron cuenta de que en las tierras checas y eslovacas la democracia social podía surgir de la sociedad civil y jamás de la tiranía burocrática. Por ignorarlo, por servilismo ante el modelo soviético distanciado ya por Gramsci que habló de la ausencia de sociedad autónoma en Rusia, Checoslovaquia se vio atada con las correas del terror estalinista, las delaciones, los juicios contra los camaradas calumniados, las ejecuciones de los comunistas de mañana por los comunistas de ayer.

Si la historia tiene un sentido, Dubcek y sus compañeros comunistas no hicieron sino otorgárselo: a partir de enero de 1968, desde adentro de la maquinaria política y burocrática del comunismo checo, estos hombres dieron el paso de más que, irónicamente, al cumplir las promesas sustantivas de la ortodoxia marxista, hacía inútiles sus construcciones formales. Si era cierto (y lo era, y lo es) que el socialismo checo fue el producto, no del subdesarrollo hambriento de capitalización acelerada a cambio de estulticia política, sino de un desarrollo industrial capitalista política y económicamente pleno, entonces también era cierto (y lo es, y lo será) que el siguiente paso era permitir la paulatina desaparición del Estado a medida que los grupos sociales asumían sus funciones autónomas. La sociedad socialista empezó a ocupar los espacios de la burocracia comunista. La planificación central cedió iniciativas a los consejos obreros, el politburó de Praga a las organizaciones políticas locales. Se tomó una decisión fundamental: dentro de todos los niveles del partido, la democracia se expresaría a través de sufragio secreto.

Seguramente fue esta disposición democrática la que más irritó a la Unión Soviética. Nada le fue reclamado por los gobernante rusos con mayor acrimonia a Dubcek. Para consumar el paso democrático, los comunistas checos adelantaron su Congreso. El país estaba políticamente descentralizado pero democráticamente unido por un hecho extraordinario: la aparición de una prensa representativa de los grupos sociales. Prensa de los trabajadores agrícolas, de los obreros industriales, de los estudiantes, de los investigadores científicos, de los intelectuales y artistas, de los pequeños comerciantes, de los mismos periodistas, de todos y cada uno de los componentes activos de la sociedad checa. En la democracia socialista de Dubcek y sus compañeros, las iniciativas del Estado nacional eran comentadas, complementadas, criticadas y limitadas por la información de los grupos sociales; a su vez, éstos tomaban iniciativas que eran objeto de comentarios y críticas por parte de la prensa oficial. Esta misma multiplicación de poderes y pareceres dentro del comunismo habían de ser trasladadas al parlamento; primero, era necesario establecer la democracia en el partido. Y esto es lo que la URSS no estaba dispuesta a aceptar.

Los idus de agosto

Kundera nos dio cita en un baño sauna a orillas del río para contarnos lo que había pasado en Praga. Parece que era uno de los pocos lugares sin orejas en los muros. Cortázar prefirió quedarse en la posada universitaria donde fuimos alojados; había encontrado una ducha a su medida, diseñada sin duda por su tocayo Verne y digna de adornar los aposentos submarinos del Capitán Nemo: una cabina de vidrio herméticamente sellable, dotada de más grifos que el Nautilius y de regaderas oblicuas y verticales a la altura de cabeza, hombros, cintura y rodillas. Semejante paraíso de la hidroterapia se saturaba peligrosamente a una cierta altura: la de los hombres de estatura regular como García Márquez y yo. Sólo Cortázar, con sus dos metros y pico, podía gozarse sin ahogarse.

En cambio, en la sauna donde nos esperaba Kundera no había ducha. A la media hora de sudar, pedimos un baño de agua fría. Fuimos conducidos a una puerta. La puerta se abría sobre el río congelado. Un boquete abierto en el hielo nos invitaba a calmar nuestra incomodidad y reactivar nuestra circulación. Milan Kundera nos empujó suavemente hacia lo irremediable. Morados como ciertas orquídeas, un barranquillero y un veracruzano nos hundimos en esas aguas enemigas de nuestra esencia tropical.

Milan Kundera reía a carcajadas, un gigantón eslavo con una de esas caras que sólo se dan más allá del río Oder, los pómulos altos y duros, la nariz respingada, el pelo corto abandonando la rubia juventud para entrar a los territorios canos de la cuarentena, mezcla de pugilista y asceta, entre Max Schmelling y el papa polaco Juan Pablo II, marco físico de leñador, escalador de montañas: manos de lo que es, escritor, manos de lo que fue su padre, pianista. Ojos como todos los eslavos: grises, fluidos, al instante risueños, como ahora que nos ve convertidos en paletas de hielo, al instante sombríos, ese tránsito fulgurante de un sentimiento a otro que es el signo del alma eslava, cruce de pasiones. Lo vi riéndose; lo imaginé como una figura legendaria, un cazador antiguo de los montes Tatra, cargado de pieles que le arrancó a los osos para parecerse más a ellos.

Humor y tristeza: Kundera, Praga. Rabia y llanto, ¿cómo no? Los rusos eran queridos en Praga; eran los libertadores de 1945, los vencedores del satanismo hitleriano. ¿Cómo entender que ahora entrasen con sus tanques a Praga, a aplastar a los comunistas en nombre del comunismo, cuando debían estar celebrando el triunfo del comunismo checo en nombre del internacionalismo socialista? ¿Cómo entenderlo? Rabia: una muchacha le ofrece un ramo de flores a un soldado soviético encaramado en su tanque; el soldado se acerca a la muchacha para besarla; la muchacha le escupe al soldado. Asombro: ¿dónde estamos, se preguntan muchos soldados soviéticos, por qué nos reciben así, con escupitajos, con insultos, con barricadas incendiadas, si venimos a salvar al comunismo de una conjura imperialista? ¿Dónde estamos?, se preguntan los soldados asiáticos, nos dijeron que veníamos a aplastar una insurrección en una república soviética, ¿dónde estamos?, ¿dónde? «Nosotros que vivimos toda nuestra vida para el porvenir», dice Aragon.

¿Dónde? Hay rabia, hay humor también, como en los ojos de Kundera. Trenes estrechamente vigilados: las tropas de apoyo que entran desde la Unión Soviética por ferrocarril pitan y pitan, caminan y caminan, dan vuelta en redondo y acaban por regresar al punto fronterizo de donde partieron. La resistencia a la invasión se organiza mediante transmisiones y recepciones radiales; el ejército soviético se enfrenta a una gigantesca broma: los guardagujas desvían los trenes militares, los camiones bélicos obedecen los signos equivocados de las carreteras, las radios de la resistencia checa son ilocalizables.

El buen soldado Schweik está al frente de las maniobras contra el invasor y el invasor se pone nervioso. El mariscal Gretchko, comandante de las fuerzas del Pacto de Varsovia, manda ametrallar inútilmente la fachada del Museo Nacional de Praga; los ciudadanos de la patria de Kafka lo llaman el mural de El Gretchko. Un soldado asiático, que nunca las ha visto, se estrella contra las puertas de vidrio en un comercio del metro de la plaza de San Wenceslao y los checos colocan una pancarta: Nada detiene al soldado soviético. Las tropas rusas entran de noche a Marienbad, donde se está proyectando una película de vaqueros en el cine al aire libre, escuchan los disparos de Gary Cooper, llegan cortando cartucho al auditorio y tiran contra la pantalla. Gary Cooper sigue caminando por la calle de un poblado herido para siempre con las balas de una broma amarga. Los espectadores de Marienbad pasan una mala noche y al día siguiente, como en el *Vals del adiós* de Kundera, regresan a tomar las aguas.

Aragon prende su radio el 21 de agosto y escucha la condenación de «nuestras ilusiones perpetuas». Con él, esa madrugada, todos sabemos que en nombre de la ayuda fraternal, «Checoslovaquia ha sido hundida en la servidumbre».

Mi amigo Milan

Fuimos invitados por la Unión de Escritores Checos en esa etapa extrañísima que va del otoño de 1968 a la primavera final, la de 1969. Sartre y Simone de Beauvoir habían ido a Praga, también Nathalie Sarraute y otros novelistas franceses; creo que Grass y Böll también. Se trataba de fingir que nada había pasado; que aunque las tropas soviéticas estuviesen acampadas en las cercanías de Praga y sus tanques escondidos en los bosques, el gobierno de Dubcek aun podía salvar algo, no conceder su derrota, triunfar con la perseverancia humorística del soldado Schweik.

Los latinoamericanos teníamos títulos para hablar de imperialismos, de invasiones, de Goliates y Davides; podíamos defender, ley en una mano, historia en la otra, el principio de no intervención. Dimos una entrevista colectiva sobre estos asuntos para la revista literaria *Listy*, que entonces dirigía nuestro amigo Antonin Liehm. Fue la última entrevista que apareció en el último número de la revista. No hablamos de Brezhnev en Checoslovaquia, sino de Johnson en la República Dominicana.

No cesó de nevar durante los días que pasamos en Praga. Nos compramos gorros y botas. Cortázar y García Márquez, que son dos melóma-

nos parejamente intensos, se arrebataron las graba-
ciones de óperas de Janacek; Kundera nos mostró
partituras originales del gran músico checo que
estaban entre los papeles del pianista, Kundera
padre. Con Kundera comimos jabalí y *knedliks* en
salsa blanca y bebimos *slivovicz* y trabamos una
amistad que, para mí, ha crecido con el tiempo.

Compartía desde entonces, y comparto cada
vez más con el novelista checo, una cierta visión de
la novela como un elemento indispensable, no
sacrificable, de la civilización que podemos poseer
juntos un checo y un mexicano: una manera de
decir las cosas que de otra manera no podrían ser
dichas. Hablamos mucho, entonces, más tarde, en
París, en Niza, en La Renaudière, cuando viajó con
su esposa Vera a Francia y allí encontró un nuevo
hogar porque en su patria «normalizada» sus novelas no podían ser ni publicadas ni leídas.

Se puede reír amargamente: la gran literatura
de una lengua frágil y sitiada en el corazón de Europa
tiene que ser escrita y publicada fuera de su territorio.
La novela, género supuestamente en agonía, tiene
tanta vida que debe ser asesinada. El cadáver exquisi-
to debe ser prohibido porque resulta ser un cadáver
peligroso. «La novela es indispensable al hombre,
como el pan», dice Aragon en su prólogo a la edición
francesa de *La broma*. ¿Por qué? Porque en ella se
encontrará la clave de lo que el historiador —el mitó-
grafo vencedor— ignora o disimula.

«La novela no está amenazada por el agota-
miento —dice Kundera—, sino por el estado ideo-
lógico del mundo contemporáneo. Nada hay más
opuesto al espíritu de la novela, profundamente
ligada al descubrimiento de la relatividad del mun-

do, que la mentalidad totalitaria, dedicada a la implantación de una verdad única».

¿Escribiría quien esto dice, para oponerse a una ideología, novelas de la ideología contraria? De ninguna manera. Borges dice del *Corán* que es un libro árabe porque en él jamás se menciona a un camello. La crítica Elizabeth Pochoda hace notar que la longevidad de la opresión política en Checoslovaquia es atestiguada en las novelas de Kundera porque nunca es mencionada.

Condenar al totalitarismo no amerita una novela, dice Kundera. Lo que le parece interesante es la semejanza entre el totalitarismo y «el sueño inmemorial y fascinante de una sociedad armoniosa donde la vida privada y pública forman unidad y todos se reúnen alrededor de una misma voluntad y una misma fe. No es un azar que el género más favorecido en la época culminante del estalinismo fuese el idilio».

La palabra está dicha y nadie la esperaba. La palabra es un escándalo. Es muy cómodo guarnecerse detrás de la grotesca definición del arte por José Stalin: «Contenido socialista y forma nacional». Es muy divertido y muy amargo (la broma amarga sí que estructura el universo de Kundera) traducir esta definición a términos pragmáticos, como se lo explica un crítico praguense a Philip Roth: El realismo socialista consiste en escribir el elogio del gobierno y el partido de tal manera que hasta el gobierno y el partido le entiendan.

El escándalo, la verdad insospechada, es esta que oímos por boca de Milan Kundera: el totalitarismo es un idilio.

Idilio

Idilio es el nombre del viento terrible, constante y descompuesto que atraviesa las páginas de los libros de Milan Kundera. Es lo primero que debemos entender. Aliento tibio de la nostalgia, resplandor tormentoso de la esperanza: el ojo helado de ambos movimientos, el que nos conduce a reconquistar el pasado armonioso del origen y el que nos promete la perfecta beatitud en el porvenir, se confunden en uno solo, el movimiento de la historia. Únicamente la acción histórica sabría ofrecernos, simultáneamente, la nostalgia de lo que fuimos y la esperanza de lo que seremos. Lo malo, nos dice Kundera, es que entre estos dos movimientos en trance idílico de volverse uno, la historia nos impide, simplemente, ser nosotros mismos en el presente. El comercio de la historia consiste en «Venderle a la gente un porvenir a cambio de un pasado».

En su famosa conferencia de la Universidad de Jena en 1789 Schiller exigió el futuro ahora. El año mismo de la Revolución Francesa, el poeta rechazó la amenaza de una promesa perpetuamente diferida para que así pudiese ser siempre una mentira sin comprobación posible: en consecuencia, una verdad, siempre promesa a costa de la plenitud del presente. El siglo de las luces consumó la secularización del milenarismo judeocristiano y, por primera vez, ubicó la edad de oro, no sólo en la tierra, sino en el futuro. Del más antiguo chamán indio hasta don Quijote, de Homero a Erasmo, sentados todos alrededor del mismo fuego de los cabreros, el tiempo del paraíso era el pasado. A partir del irónico ideólogo del progreso infinito, Condorcet, el idilio sólo tiene un tiempo: el futuro. Sobre sus promesas se construye el mundo industrial de occidente.

La aportación de Marx y Engels es reconocer que no sólo de porvenir vive el hombre. El luminoso futuro de la humanidad, cercenada por la Ilustración de todo vínculo con un pasado definido por sus filósofos como bárbaro e irracional, consiste para el comunismo en restaurar también el idilio original, la armonía paradisíaca de la propiedad comunal, el paraíso degradado por la propiedad privada. Pocas utopías más hermosas, en este sentido, que la descrita por Engels en su prólogo a *La dialéctica de la naturaleza*.

El capitalismo y el comunismo comparten la visión del mundo como vehículo hacia esa meta que se confunde con la felicidad. Pero si el capitalismo procede por vía de atomización, convencido de que la mejor manera de dominar es aislar, pulverizar y acrecentar las necesidades y satisfacciones igualmente artificiales de los individuos que necesitan más y se contentan más en función de su aislamiento mismo, el comunismo procede por vía de integración total.

Cuando el capitalismo intentó salvarse a sí mismo con métodos totalitarios, movilizó a las masas, les puso botas, uniformes y suástica al brazo. La parafernalia del fascismo violó las premisas operativas del capitalismo moderno, cuyos padrinos, uno en la acción, el otro en la teoría, fueron Franklin Delano Roosevelt y John Maynard Keynes. Es difícil combatir a un sistema que siempre se adelanta a criticarse y a reformarse a sí mismo con más concreción que la que le es dable de inmediato al más severo de sus adversarios. Pero ese mismo sistema carecerá de la fuerza de seducción de una doctrina que hace explícito el idilio, que promete tanto la restauración de la Arcadia como la construcción de la Arcadia por venir. Los sueños totalitarios han encendido la imaginación de varias generaciones de jóvenes: diabólicamente, cuando el idilio tenía su cielo en la cabalgata del Valhalla wagneriano y las legiones operísticas del nuevo Escipión; angelicalmente, cuando podía concitar la fe de Romain Rolland y André Malraux, Stephen Spender, W. H. Auden y André Gide. Se necesita, en cambio, ser un camionero borracho o una solterona agria para salir a darse de golpes y sombrillazos por una Arcadia tan deslavada como «el sueño americano».

Los personajes de Kundera giran en torno a este dilema: ¿ser o no ser en el sistema del idilio total, el idilio para todos, sin excepciones ni fisuras, idilio precisamente porque ya no admite nada ni nadie que ponga en duda el derecho de todos a la felicidad en una Arcadia única, paraíso del origen y paraíso del futuro? No sólo idilio, subraya Kundera en uno de sus cuentos, sino idilio para todos, pues

> todos los seres humanos, desde siempre, aspiran al idilio, a ese jardín donde cantan los ruiseñores, a ese reino de la armonía donde el mundo no se yergue enajenado contra el hombre y el hombre contra los demás hombres, sino donde el hombre y los hombres están, por el contrario, hechos de una misma materia y donde el fuego que brilla en las estrellas es el mismo que ilumina las almas. Allí, cada cual es una nota en una sublime fuga de Bach y quien no quiera serlo se convierte en un punto negro y desprovisto de sentido al cual basta agarrar y aplastar bajo la uña como una pulga.

Como a una pulga, Milan Kundera, el otro K de Checoslovaquia, no necesita acudir a forma alegórica alguna para provocar la extrañeza y la incomodidad con las que Franz Kafka inundó de sombras luminosas un mundo que ya existía sin saberlo. Ahora, el mundo de Kafka sabe que existe. Los personajes de Kundera no necesitan amanecer convertidos en insectos porque la historia de la Europa central se encargó de demostrarles que un hombre no necesita ser un insecto para ser tratado como un insecto. Peor: los personajes de Milan K. viven en un mundo donde todos los presupuestos de la metamorfosis de Franz K. se mantienen incólumes, con una sola excepción: Gregorio Samsa, la cucaracha, ya no cree que sabe, ahora sabe que cree.

Tiene forma humana, se llama Jaromil y es poeta.

El santo niño de Praga

Durante la segunda guerra, el padre de Jaromil ha perdido la vida en aras de un absoluto concreto: proteger a una persona, salvarla de la delación, la tortura y la muerte. Esa persona era la amante del padre de Jaromil. La madre del poeta, quien siente una repugnancia tan absoluta hacia la animalidad física como su marido hacia la animalidad moral, lo engaña no por su sensualidad sino por inocencia.

Cuando el padre desaparece, la madre sale del reino de los muertos con su hijo entre brazos. Lo espera a la salida del colegio con una gran sombrilla. Encarnará la belleza de la tristeza a fin de invitar a su hijo a ser con ella esa pareja intocable: madre e hijo, amantes frustrados, protección absoluta a cambio de la renuncia absoluta.

Lo mismo va a exigirle Jaromil primero al amor, a la revolución en seguida, a la muerte finalmente: entrega absoluta a cambio de protección absoluta. Es un sentimiento feudal, el que el siervo ofrecía a su señor. Jaromil cree que es un sentimiento poético: el sentimiento poético, que le permite situarse no «fuera de los límites de su experiencia, sino bien por encima de ella».

Verlo, así, todo. Ser visto. Los mensajes del rostro, las miradas enigmáticas a través de una cerradura con la muchacha Magda en su tina (tan enigmática como el encuentro de los pies de Julien Sorel y Madame Renal debajo de la mesa), la lírica del cuerpo, de la muerte, de las palabras, de la ciudad, de los otros poetas (Rimbaud, Maiakovski, Wolker) constituyen el repertorio poético original de Jaromil. No quiere separarlo de su vida; quiere ser, como Rimbaud, el joven poeta que lo ve todo y es totalmente visto antes de volverse invisible y totalmente ciego. Todo o nada: se lo exige al amor de la pelirroja. Debe ser total o no será. Y cuando la amante no le promete toda su vida, Jaromil espera el absoluto de la muerte; pero cuando la amante no le promete la muerte, sino la tristeza, la pelirroja deja de tener una existencia real, correspondiente a la interioridad absoluta del poeta: todo o nada, vida o muerte.

Todo o nada: se lo exige a su madre más allá de las agrias y locas expectativas de la mujer que quiere ser la amante frustrada de su hijo. El reper-

torio variado y ambiguo del chantaje materno abso-
lutista, sin embargo, se descompone en demasiadas
emociones parciales: piedad y reproche, esperanza,
cólera, seducción. La madre del poeta —y Kundera
nos dice que «en la casa de los poetas, reinan las
mujeres»— no puede ser Yocasta y se vuelve
Gertrudis, creyendo darle todo al hijo para que el
hijo continúe dándole hasta pagar lo imposible: es
decir, todo. Jaromil no será Edipo, sino Hamlet: el
poeta que ve en su madre no el absoluto que añora,
sino la reducción que asesina.

En la página más hermosa de esta maravilla
narrativa que es *La vida está en otra parte* (el capítulo
13 de la tercera parte), Kundera nos sitúa a Jaromil
en «el país de la ternura, que es el país de la infancia
artificial»:

> *La ternura nace en el momento en que el hombre es*
> *escupido hacia el umbral de la madurez y se da*
> *cuenta, angustiado, de las ventajas de la infan-*
> *cia que, como niño, no comprendía (...) La ternu-*
> *ra es un intento de crear un ámbito artificial en*
> *el que pueda tener validez el compromiso de com-*
> *portarnos con nuestro prójimo como si fuera un*
> *niño (...) La ternura es el temor a las consecuen-*
> *cias corporales del amor, es un intento de sustraer*
> *al amor del reino de la madurez (...) y considerar*
> *a la mujer como niña.*

Es esta ternura imposible lo que Jaromil el
poeta no va a encontrar ni en su madre ni en su
amante, ambas cargadas del amor «insidioso, cons-
trictivo, pesado de carnosidad y de responsabilidad» propio de la edad adulta, sea el amor de la

mujer con su poeta amante o el de la madre con su hijo crecido. Es este el idilio irrecuperable en los seres humanos y que Jaromil va a buscar, y encontrar, en la revolución socialista: necesita el absoluto para ser poeta, como Baudelaire necesitaba, para serlo, «estar siempre ebrio... de vino, de poesía o de virtud, a vuestro gusto».

El poeta crédulo

El lirismo, nos dice Milan Kundera, es una virtud y el hombre se emborracha para confundirse más fácilmente con el universo. La poesía es el territorio donde toda afirmación se vuelve verdad. La revolución también: es la hermana de la poesía. Y salva al joven poeta de la pérdida de su ternura en un mundo adulto, relativista. Poesía y revolución son absolutos; los jóvenes son «monistas apasionados, mensajeros del absoluto». El poeta y el revolucionario encarnan la unidad del mundo. Los adultos se ríen de ellos y así comienza el drama de la poesía y de la revolución.

La revolución le enseña entonces el camino a la poesía: «La revolución no quiere ser estudiada y observada, quiere que uno se haga uno con ella: es en ese sentido que es lírica y que el lirismo le es necesario». Gracias a esa unidad lírica, el temor máximo del joven poeta es dominado: el futuro deja de ser una incógnita. El porvenir se convierte en «esa isla milagrosa en la lejanía» porque «el porvenir deja de ser un misterio; el revolucionario lo conoce de memoria". Así, nunca habrá futuro: será siempre una promesa conocida, pero diferida, como la vida misma que concebimos en el instante de la ternura infantil.

Cuando encuentra esta identidad (esta fe), Jaromil se libera de las exigencias del gineceo mentiroso donde la parcialidad egoísta del amor femenino aparece disfrazada con pretensiones de absoluto. La incertidumbre de las épocas revolucionarias es una ventaja para la juventud, «pues es el mundo de los padres el que es precipitado en la incertidumbre». Jaromil descubre que *su* madre le impedía encontrar a *la* madre perdida. Esta es la revolución y exige perderlo todo para ganarlo todo; sobre todo la libertad:

> *La libertad no comienza cuando los padres son rechazados o enterrados, sino cuando no hay padres. Cuando el hombre nace sin saber de quién es hijo.*

El idilio revolucionario, lo vemos, lo sustituye todo, lo encarna todo, es a la vez parricidio y nuevo nacimiento y exige más que los padres, más que la amante: «La gloria del deber nace de la cabeza cortada del amor». La revolución contiene la tentación idílica de apropiarse de la poesía y el poeta lo acepta porque gracias a la revolución él y su poesía serán amados «por el universo entero».

Idilio que suple las insuficiencias de la vida, el amor, la madre, la amante, la infancia misma, elevándolas a la lírica unitaria de la experiencia, la comunidad, la acción, el futuro. Profecía armada que hace del poeta un profeta armado. ¿Cómo no rendirse ante este idilio y ofrecer en su altar todas nuestras acciones reales, cada vez más reales, más concretas, más revolucionarias?

El poeta puede ser un delator. Esta es la realidad terrible que nos es dicha por *La vida está en otra parte.* Jaromil, el joven poeta, delata en nombre de la revolución, condena a los débiles, los envía con tanta seguridad como el juez al patíbulo y la inocencia nos muestra su sonrisa sangrienta. «El poeta reina con el verdugo» y no, subraya Kundera, porque el régimen totalitario haya deformado el talento del poeta, ni porque el poeta sea mediocre y busque el refugio totalitario, no: Jaromil no denuncia *a pesar* de su talento lírico, sino, precisamente, *gracias a él.*

No estamos acostumbrados a escuchar algo tan brutal y es preciso dejarle la palabra a Kundera, que ha vivido lo que nosotros sólo conocemos de trasmano, cuando se dirige a «nosotros»:

> *Todos los jóvenes contestatarios alrededor de uste-*
> *des, tan simpáticos por lo demás, hubiesen reac-*
> *cionado, en la misma situación, de la misma*
> *manera. Si Paul Eluard hubiese sido checo,*
> *hubiese sido un poeta oficial y su corazón puro e*
> *inocente se hubiese identificado perfectamente con*
> *el régimen de los procesos y de las horcas. Me sien-*
> *to estupefacto ante la incapacidad occidental de*
> *ver su rostro en el espejo de nuestra historia. La*
> *tragicomedia que se representa en mi país es tam-*
> *bién la de vuestras ideas, vuestro entusiasmo,*
> *vuestras doctrinas, vuestro fanatismo, vuestros*
> *sueños y vuestra inocencia cruel.*

Kundera tenía cuarenta y nueve años al escribir esto. A los ochenta, Aragon pudo decir: «(...) lo que sacrificamos de nosotros mismos, lo que nos arrancamos de nosotros mismos, de nuestro pasado, es imposible de valorizar, pero lo hacíamos en nombre del porvenir de los demás».

El siglo se va a morir sin que este sacrificio engañoso vuelva a ser necesario. Basta morir, en nuestro tiempo, para defender la integridad del presente, de la presencia del ser humano: el que mata en nombre del porvenir de todos es un reaccionario.

La utopía interna

No es posible evadir la ardiente cuestión de las novelas de Milan Kundera. Es la cuestión de nuestro tiempo y posee una resonancia trágica, porque se dirime en la esencia de nuestra libertad posible. Esa cuestión es simplemente ésta: ¿Cómo combatir la injusticia sin engendrar la injusticia? Es la pregunta de todo hombre actuante en nuestro tiempo. Ante el espectáculo de ese movimiento, Aristóteles se limitó a comprobar que la tragedia es «la imitación de la acción». Lo trágico no es lo pasivo ni lo fatal, sino lo actuante. Acaso la respuesta a la pregunta de Kundera, que es la nuestra, se encuentre entonces, más que en una respuesta, en una creación: la de un orden de valores capaz de absorber la causalidad épica de la historia y elevarla a un conflicto, ya no entre el bien y el mal, sino entre dos valores que quizás no sean el bien y el bien, pero que tampoco, seguramente, serán el mal y el mal.

La pérdida del paraíso, leemos en *La vida está en otra parte*, sólo nos permite distinguir la belleza de la fealdad, no el bien del mal. Adán y Eva se saben bellos o feos, no malos o buenos. La poesía está al lado de la historia, esperando ser descubierta, ser invitada a la historia por el poeta que confunde el idilio violento de la revolución con la tragedia serena de la poesía. El problema de Jaromil es el de Kundera: descubrir las avenidas invisibles que necesariamente parten de la historia pero conducen a todas las otras realidades apenas entrevistas, sospechadas, imaginadas, en la frontera entre el sueño y la vigilia, más allá de la estadística pero también más allá de la fantasía: esa realidad completa, sin sacrificios ni reducciones, cuyas puertas modernas fueron entreabiertas por Franz Kafka.

Coleridge imaginaba una historia contada no antes o después, por encima o por debajo del tiempo sino, en cierto modo, al lado del tiempo, su compañera y su complemento indispensable. La avenida hacia esa realidad que completa y da sentido a la realidad certificable, inmediata, se encuentra en un plano extraordinario de la novela de Kundera, donde, verdaderamente, la vida se encuentra. La apertura hacia el lugar donde *la vida es* (la Utopía interna de esta novela) se encuentra en cada una de las palabras que nos cuentan la vida que es pero que no acaba de ser porque no se da cuenta de que su realidad hermana, posible, está al lado de ella, esperando ser vista. Más: esperando ser soñada.

Como en las películas de Buñuel, como el *Peter Ibbetson* de Du Maurier, como el surrealismo todo, la novela de Kundera sólo existe plenamente si sabemos abrir las ventanas del sueño que contiene. Un misterio llamado Xavier es el protagonista del sueño que es un sueño del sueño, sueño dentro del sueño, sueño cuyos efectos perduran mientras un nuevo sueño, su hijo, su hermano, su padre, apunta dentro del sueño anterior. En esta epidemia de sueños que se contagian unos a otros, Xavier es el poeta que Jaromil pudo ser, que Jaromil es porque existió al lado de él o que, quizás, Jaromil será en el sueño de la muerte.

Lo importante es que en este sueño engastado, de muñecas rusas, similar al tiempo infinitamente oracular de Tristram Shandy en Auxerre, todo sucede por primera vez. En consecuencia, cuanto ocurre fuera del sueño es una repetición. Estamos aquí en un plano oscilante de la realidad total del mundo que Kundera nos ofrece con una inteligencia narrativa poco común. La historia, dijo Marx, se manifiesta primero como tragedia; su repetición es una farsa. Kundera nos interna en una historia que le niega todo derecho a la tragedia y a la farsa para consagrarse perpetuamente en el idilio.

Cuando el idilio se evapora y el poeta se convierte en delator, estamos autorizados a buscar al poeta en otra parte: su nombre es Xavier, vive en el sueño y allí la historia —no el sueño— es una farsa, una broma, una comedia. El sueño contiene esta farsa porque la historia la ha expulsado con horror de su idilio mentiroso. El sueño la acoge en reserva, esperando que la historia no se repita. Ese será el momento en que la historia deje de ser farsa y pueda ser el lugar donde está la vida. Mientras tanto, la vida y el poeta están en otra parte y allí revelan sin tapujos la naturaleza farsante de la historia.

Los capítulos dedicados a Xavier responden a la pregunta: ¿el poeta no existe? con estas palabras: No, el poeta está en otra parte. Y ese lugar donde el poeta está pero donde el poeta actúa la historia como farsa plena es un sueño cómico que, de paso, revela la vasta influencia de Milan Kundera como maestro de los cineastas checos modernos. En el tránsito sin fisuras de un sueño a otro, la historia aparece como una farsa sin lágrimas. El melodrama de *La grande bretèche* de Balzac es re-presentado por los hermanos Marx

que, como todos saben, son los padres de las herma-
nas Marx, las «pequeñas Margaritas» de la anarquía-
en-el-socialismo imaginada por la cineasta Vera
Chytilova. El sueño perverso del cine es la pesadilla y
la ambición de Jaromil: ser visto por todos, sentir
que «todas las miradas se volvían hacia él». En el
cine, en el teatro, todos, los otros, los demás, nos ven.
El terror cierto del cine expresionista alemán consiste en eso: la posibilidad de ser vistos siempre por
otro, como el Mabuse de Fritz Lang nos ve incesantemente desde su celda en el manicomio, como Peter
Lorre, el vampiro de Düsseldorf en *M*, es visto por los
mil ojos de la noche mendicante.

Lo que ha sido visto por todos no puede pre-
tender ni a la originalidad ni a la virginidad. Re-
presentada como teatro onírico, re-escrita como
novela imposible, la historia aparece siempre como
una farsa. Pero si sólo hay farsa, esto es una tragedia. Tal es el sentido del chiste en Kundera. En un
mundo despojado de humor, la broma puede ser el
rechazo de un universo, «un calcetín en la estatua
de Apolo», un policía encerrado para siempre en un
armario, amarullado como un personaje de Edgar
Allan Poe interpretado por Buster Keaton. La
broma, el humor, son excepción, liberación, revelación de la farsa, burla de la ley, ensayo de libertad.
Por ello, la ley se convierte en crimen.

Dura lex

En ambos K, Kafka y Kundera, rige una
normatividad hermética. La libertad no es posible
porque la libertad es perfecta. Tal es la solemne rea-

lidad de la ley. No hay paradoja alguna. La libertad supone una cierta visión de las cosas, encierra la posibilidad mínima de darle un sentido al mundo.

Pero en el mundo de las leyes penales de Kafka y del socialismo científico de Kundera, esto no es posible. El mundo ya tiene un sentido y la ley se lo otorga, dice Kafka. Kundera añade: el mundo del socialismo científico ya tiene un sentido y la ley revolucionaria, historia objetivada, común e idílica, se lo otorga. Es inútil buscar otro sentido. ¿Insiste usted? Entonces será usted eliminado en nombre de la ley, la revolución y la historia.

Dado este presupuesto, la libertad auténtica se convierte en una empresa destructiva. La persona que se defiende se lesiona a sí misma: José K. en *El proceso*, el agrimensor en *El castillo*, todos los bromistas de Kundera. En cambio, Jaromil no sólo no se defiende. Ni siquiera ofrece una resistencia pasiva: se une entusiastamente al idilio político que es su idilio poético hipostasiado en acción histórica. La poesía convertida en farsa porque se identificó con el idilio histórico: el acto poético subversivo es restarle toda seriedad a esa historia, a esa ley. El acto poético es una broma. El protagonista de *La broma*, Ludvik Khan, le envía una tarjeta postal a su novia, una joven comunista seria y celosa que parece amar más a la ideología que a Ludvik. Como Ludvik no concibe amor sin humor, le envía una tarjeta postal a su novia con el siguiente mensaje:

El optimismo es el opio del pueblo...
¡Viva Trotski!

(fdo.) Ludvik.

La broma le cuesta la libertad a Ludvik. «Pero camaradas, sólo era una broma», trata de explicar antes de ser enviado a trabajos forzados en una mina de carbón. Humor con humor se paga, sin embargo. El estado totalitario aprende a reírse de sus víctimas y perpetra sus propias bromas. ¿No lo es que Dubcek, por ejemplo, sea un inspector de tranvías en Eslovaquia? Si el Estado es el autor de las bromas, es porque ni siquiera esa libertad pretende dejarle a los ciudadanos y entonces éstos, como el protagonista del cuento de Kundera *Eduardo y Dios*, pueden exclamar que «la vida es muy triste cuando no se puede tomar nada en serio».

Tal es la ironía final del idilio histórico: su portentosa solemnidad, su interminable entusiasmo, acaban por devorar hasta las bromas subversivas. La risa es aplastada cuando la broma es codificada por la perfección de la ley que a partir de ese momento dice, también «esto es gracioso y ahora debes reír». Creo que no hay imagen más aterradora del totalitarismo que ésta creada por Milan Kundera: el totalitarismo abre la risa, la incorporación del humor a la ley, la transformación de las víctimas en objetos de humor oficial, prescrito e inscrito en las vastas construcciones fantásticas que, como los paisajes carcelarios de Piranesi o los tribunales laberínticos de Kafka, pretenden controlar los destinos.

El del joven poeta Jaromil en *La vida está en otra parte* se consume con una sola nota de salvación: la simetría positiva con el destino de su padre. Éste perdió la vida por el absoluto concreto de salvar a una persona. Jaromil la perdió por el absoluto abstracto de entregar a una persona. El padre de Jaromil actuó como actuó porque sintió que la necesidad de la historia es una necesidad crítica. Jaromil actuó como actuó porque sintió que la necesidad de la historia es una necesidad lírica. El padre murió, quizás, sin ilusiones pero también sin desilusiones. Deludido, el hijo se entregó a una dialéctica del engaño en la que cada burla es trascendida y devorada por una burla superior.

El novelista Kundera, lector de Novalis, sólo busca esa instancia de la escritura que, relativa como toda narración, arriesgada como todo poema, aumente la realidad del mundo mientras dice que nada puede soportar el paso entero de la vida: ni la historia, ni el sexo, ni la política, ni la poesía.

El rincón del destino

En abril de 1969, el socialismo democrático fue formalmente enterrado en Checoslovaquia. La primavera de Praga, en efecto, murió dos muertes. La primera, en agosto de 1968, cuando los tanques soviéticos entraron a impedir que las elecciones dentro del Partido Comunista se fundasen en el sufragio secreto. La segunda, cuando el gobierno de Dubcek en su patria ocupada por el invasor «fraterno», buscó desesperadamente la solución obrera, ya que no pudo acudir a la solución armada. La Ley sobre la Empresa Socialista creaba los consejos de fábrica como centros democráticos de la iniciativa política en la base obrera. Fue el colmo: darle lecciones de política proletaria a Moscú. La URSS intervino decisivamente, mediante sus Quislings locales, Indra y Bilak, para determinar la caída final de Alexander Dubcek.

Milan Kundera define al socialismo democrático de Checoslovaquia: «Un intento de crear un
socialismo sin una policía secreta omnipotente; con
libertad para la palabra dicha y escrita; con una opinión pública cuya existencia es reconocida y tomada
en cuenta; con una cultura moderna desarrollándose
libremente; y con ciudadanos que han dejado de
tener miedo».

¿Quién quiere reír? ¿Quién quiere llorar? La
broma en Checoslovaquia la hace ahora el Estado.
Eso aprendió de sus enemigos: el humor, así sea ma-
cabro. ¿Quiere usted escribir novelas? Supere entonces mi broma, perfectamente legal, sancionada y
ejecutada en nombre del idilio: Dos enterradores,
enviados por el gobierno de Praga, llegan, féretro en
hombros, a casa de uno de los firmantes de la «Carta
77» que reclama el cumplimiento en Checoslovaquia de las disposiciones sobre garantías fundamentales suscritos en Helsinki. La policía les anunció que
el firmante había muerto. El firmante dice que no ha
muerto. Pero cuando cierra la puerta, se detiene un
instante y se pregunta si, en efecto, no ha muerto.

Voy a buscar pronto a mi amigo Milan para
seguir conversando con él, cada día más cargado de
hombros, más ensimismado, más ausente en la profundidad de su mundo negro y claro, donde el optimismo cuesta caro porque es demasiado barato y
donde la novela se sitúa más allá de la esperanza y la
desesperanza, en el territorio humano de los desati-
nos conmovidos y las verdades relativas que es el de
los autores que él y yo amamos y leemos, Cervantes y
Kafka, Mann y Broch, Laurence Sterne. Pues si en la
historia la vida está en otra parte porque en la historia un hombre puede sentirse responsable de su des-

tino pero su destino puede desentenderse de él, en la literatura hombre y destino se responsabilizan mutuamente porque uno y otro no son una definición o una prédica de verdad alguna, sino una constante redefinición de cada ser humano en cuanto problema. Este es el sentido del destino de Jaromil en *La vida está en otra parte*, de Ludvik en *La broma*, de la enfermera Ruzena, el trompetista Klima y el doctor Skreta, que inyecta su semen a las mujeres histéricamente estériles, en la más acabada e inquietante de las novelas de Kundera, el *Vals del adiós*.

Porque, al contrario de los amos de la historia, Milan Kundera está dispuesto a darlo todo por su propio destino y el de sus personajes fuera del «idilio inmaculado» que pretende darlo todo y no da nada. La ilusión del porvenir ha sido el idilio de la historia moderna. Kundera se atreve a decir que el porvenir *ya tuvo lugar*, bajo nuestras narices, y huele mal.

Y si el porvenir ya tuvo lugar, sólo son posibles dos actitudes. Una, reconocer la farsa. Otra, recomenzar, replantear los problemas humanos. En ese rincón final del espíritu cómico y la sabiduría trágica donde el idilio no penetra con su luz histórica e histriónica, Milan Kundera escribe algunas de las grandes novelas de nuestro tiempo.

Su rincón no es una cárcel: ésta, nos advierte Kundera, es otro sitio del idilio que se solaza en iluminar teatralmente hasta las más impenetrables sombras penitenciarias. Tampoco es un circo: el poder se ha encargado de robarle la risa a los ciudadanos para obligarlos a reír legalmente.

Es la utopía interna, el espacio real de la vida intocable, el reino del humor donde Plutarco, citado por Aragon, conoce el carácter de la historia mejor que en los combates más sanguinarios o en los asedios más memorables.

György Konrád: La ciudad en guerra

En una de sus espléndidas charlas sobre historia militar, el catedrático de Oxford sir Michael Howard definía recientemente la guerra, ante una audiencia de Cambridge, como «la administración cuidadosa de la violencia». Howard se da cuenta de lo deslucidos que resultan los escudos de la guerra moderna; la tecnología ha destruido el atractivo de la guerra como forma de vida: ya no hay caballeros con armaduras resplandecientes. La tecnología, como dijo Max Weber, ha desencantado al mundo. Y, en vez de la cuidadosa administración de la violencia en el campo de batalla como lugar de justas, comprobamos que la violencia se desencadena indiscriminadamente sobre la población civil. *Guernica* de Picasso e *Hiroshima* de Hersey, así como un millar de fotos y documentales sobre Coventry, Londres, Nagasaki y Dresden, nos hicieron conscientes de ello a toda mi generación.

En *A Városalapito* (*El constructor de la ciudad*), el novelista húngaro György Konrád aborda uno de los aspectos más repulsivos de la guerra moderna: la guerra cotidiana, insidiosa, silente y no declarada, de los que planean la ciudad, por un lado, contra los que la habitan, por otro: la guerra de los manipuladores de la vida contra los que la viven; la violencia de aquellos que al planificar nuestra felicidad aseguran nuestra infelicidad, frente a la respuesta de aquellos que intentan vivir día a día, a pesar de la infelicidad, y lo consiguen gracias a una cadena de actos mínimos de amor, sensualidad, humor, creatividad y amistad. Esto no es nuevo; siempre ha sido así. Pero la «conciencia» del hecho ha cambiado y esto, también, siempre ha sido así: nuestros tiempos son lo que nosotros hacemos de ellos, directamente, a través de la experiencia, o indirectamente, a través de la imaginación. A pesar de la simpatía que nos merezcan la «polis» griega o la ciudad-Estado florentina, no podemos ser conscientes de los problemas que podríamos compartir con sus moradores, excepto en términos de nuestras propias dificultades.

Política y Antipolítica*

György Konrád es húngaro. Un centroeuropeo. No es ajeno a ninguna de las presiones culturales o políticas de semejante emplazamiento y sus ensayos, recogidos en *Antipolítica*, contienen algunas de las frases más lúcidas que se hayan escrito nunca, sobre la vida al este del «Telón de Acero», mientras se continúa situado en la cultura de la Europa central, ese reino del espíritu, en opinión de Milan Kundera. Volveré a este punto. Pero, de momento, quiero recordar a los lectores de *El constructor de la ciudad* que el tema de Konrád y su estilo van bastante más allá de una mera variación sobre la violencia, coexistencia, solidaridad o planificación de Utopía mientras se vive en Topia. Que el morboso guerrero frío, en busca de una novela sobre el totalitarismo, vaya a otra parte;

* Carlos Fuentes escribió este ensayo en 1987.

Kundera ha sentenciado memorablemente que el totalitarismo no merece el honor de una novela. Pero Konrád nos dice implícitamente que el habitante de la ciudad, sí. La sociedad civil se merece una novela, porque una novela es parte del hecho de vivir, de habitar una ciudad y de hacerla humana. Una vez más, Konrád no se achica ante la situación en la que se encuentra, si bien puede caracterizarla con la misma severidad que cualquiera de nosotros que creemos, puerilmente, vivir en el verdadero «mundo libre». «La filosofía de la guerra aplica las leyes de la guerra entre personas, a la coexistencia de los individuos», escribe en *Antipolítica* y, en *El constructor de la ciudad*, dramatizando esta realidad extrema, la magnifica: «Pertenezco a una generación de asesinos que para evitar ser asesinados se convirtieron en asesinos...» Pero después, universaliza lo que ha presentado primero como un caso particular y, luego, dramáticamente, añade: «No quiero una ciudad... en donde si amo a una persona ya no puedo amar a otra y, si mi cuerpo desea otro cuerpo, debo fingir vergüenza...».

La tercera cita de *El constructor de la ciudad* podría haberla pronunciado un ciudadano del Madrid de la Contrarreforma o del México colonial, del Boston puritano o del Londres victoriano, y no sólo del Budapest comunista. Tengamos presente esta universalidad dramática, que es parte de la grandeza de Konrád como escritor, y recordemos la primera cita —la dictadura aplica leyes de guerra a la vida de la ciudad y a sus gentes— y la segunda —las víctimas se vuelven asesinos para evitar ser asesinadas—: nos encontramos no sólo con una novela crítica sino con una narrativa profética, en la que la grandeza y miseria de vivir con la «polis» (vivir «políticamente») debe contemplarse en términos poéticos y fatídicos, casi como el Angelus Novus de Walter Benjamin que se yergue, despliega las alas y vuelve la mirada a la irónica perfección de la historia. La meditación del Ángel sobre el pasado redime a la ciudad al verla en ruinas; y estar en ruinas significa haber sobrevivido y poder mostrarnos sus huesos despojados. Su ruina es su eternidad y, por tanto, su perfección. Imagino que un mexicano y un húngaro, un latinoamericano y un centroeuropeo, comparten esta visión y la comprenden: el mayor contraste entre Iberoamérica y Angloamérica es nuestra experiencia de la derrota, mientras convivimos con el mito del éxito de Norteamérica. Quizás nada nos escandaliza y cierra más nuestros ojos a una mutua comprensión como este hecho. Los Estados Unidos no aceptan la derrota; toda su historia está basada en la felicidad y el éxito; a los Estados Unidos se les prometió el éxito y se descomponen y desorientan cuando deben enfrentarse a la derrota. Iberoamérica comparte con Centroeuropa la familiaridad con la derrota, según la definición de Konrád en *Antipolítica*: «Nuestras derrotas son jalones en el camino a la liberación del Este europeo... Las catástrofes son nuestras cartillas escolares... En un camino serpenteante es mayor el riesgo de accidentes». Cuando Konrád escribe que: «No existe la derrota total», no está meramente iluminando sus novelas, sino también las nuestras en Iberoamérica. Pero, ¿no seremos ambos, centroeuropeos e iberoamericanos, ecos de la gran voz trágica del mayor novelista norteamericano de nuestro siglo, William Faulkner, quien supo recordar a la triunfante sociedad de su país que la felicidad, ese hecho excepcional, no puede definir nuestra humanidad tan certeramente como la infelicidad, experiencia compartida por la mayoría de los seres humanos? Entre el dolor y la nada, Faulkner escogería el dolor. Es la elección de «los invictos».

György Konrád no es un novelista apocalíptico, sino profético. No propone una visión tremendista de su propia ciudad. «Nosotros los que vivimos en Budapest —en el medio justo entre el Este y el Oeste— no vivimos en el peor de los mundos posibles: Budapest no es un mal lugar en el que pensar. Sin peligros, el pensamiento pierde sus aristas». Pero, añade irónicamente, «demasiado peligro tampoco es recomendable». No remilga las palabras cuando habla de los enormes riesgos que, en efecto, ha padecido Hungría junto con el resto de Centroeuropa: todos los deseos que emergen espontáneamente de la Europa central bajo el sistema comunista (neutralidad, sistema pluripartidista, autogobierno dentro de la estructura del imperio soviético) son compatibles en una realidad lógica, pero no en una realidad política. Cada vez que un país periférico intentó liberarse de un rasgo esencial del modelo soviético, sufrió represalias militares. La lealtad a la Unión Soviética y al Partido Comunista continuaban siendo condiciones dictatoriales del sistema, cuando Konrád escribió estos libros. Hoy, Hungría se dirige velozmente a un sistema político pluripartidista y a un sistema económico plurisocialista, sin verdadero peligro de un veto soviético. Konrád, el profeta lúcido y generoso, venció a los profetas de una democracia imposible para la Europa central si no nacía de una imposición occidental. La democracia húngara está naciendo del sistema criticado por Konrád.

Las dificultades para las ciudades y los ciudadanos son, de todos modos, inmensas; Konrád no las esquiva puesto que aboga (una vez más, en consonancia con la mayoría de los iberoamericanos) por un mundo multicentral que supere el condominio bipolar de la política de Yalta. Pero, precisamente porque las dificultades son enormes, la búsqueda de excepciones se convierte en una actividad excitante y creativa. Konrád, en sus ensayos, ofrece una panoplia completa de avenidas de actuación dentro del sistema, con el propósito de desintegrarlo. Las dificultades son patentes y significan que es imposible democratizar la sociedad intentando acabar violentamente con la élite comunista nacional. Konrád brinda el ejemplo de la Europa del Sur —Portugal, España, Grecia— donde los procesos de democratización no fueron revolucionarios. Las élites políticas de Salazar, Franco y los coroneles griegos no fueron derrocadas. La clase media, en veloz expansión, y la tecnocracia, las absorbió. Y mientras podría parecer desafortunada la comparación del sino de tres países mediterráneos pertenecientes a la alianza atlántica, a la que es posible renunciar, con las naciones de la Europa central, que están atrapadas en la telaraña del Pacto de Varsovia, Konrád tiene una visión de más alcance, que proviene del seno mismo de la sociedad comunista, donde la vieja receta dictaba que un régimen debe ser derrocado por los movimientos de masas. La nueva receta, señala Konrád, habla de la transformación de la estructura política por medio de lentas transformaciones sociales. Es una visión democrática, en la cual los cambios políticos son precedidos por cambios sociales. Es una visión humanista, en el mejor sentido de la palabra: «Por definición, la sociedad se modela a sí misma y es experimental, ya que está integrada por seres humanos individuales con voluntades propias. Todas las reglas existentes son humanas... Son fruto nuestro, y si no nos gustan, podemos reemplazarlas por otras...» Este enfoque humanista es el que adoptaba Gianbattista Vico, napolitano creador de la historiografía moderna, el primero en concebir la historia como creación y responsabilidad nuestra, en 1725. Esto aborda uno de los grandes retos de los regímenes marxista-leninistas actuales, que creen ser la encarnación dogmática de las reglas de la historia. Konrád es consciente de ello y por esa razón busca con tanta avidez y contra tales impedimentos, contextos históricos, sociales, culturales, e individuales que sostengan su visión de la desintegración del Estado comunista.

La ironía es una de sus principales armas en esta búsqueda. Nos recuerda el hecho de que las ciudades húngaras, bajo la monarquía dual, eran más aristócratas y militares que burguesas y que la burguesía existente era más alemana y judía que húngara. El país era esencialmente una nación de campesinos; su cultura estaba intacta y constituían la mayoría: los campos eran más populosos que las ciudades. Después de la II Guerra Mundial, fue, irónicamente, el liderazgo del Partido Comunista el que desencadenó el ímpetu burgués, algo que ni los comunistas ni sus adversarios esperaban. El que esto sucediera, se relaciona estrechamente con las demandas del nacionalismo húngaro: «Durante mil años, el Estado húngaro supo funcionar con relativa autonomía... convirtiéndose tanto en el defensor como en el opresor de su pueblo». Un mexicano, descendiente de la Virgen de Guadalupe y del liberal Benito Juárez, que en la actualidad vive bajo el mandato ininterrumpido del Partido Revolucionario Institucional (PRI), puede identificarse misteriosamente con esas palabras, así como con las siguientes: «A través de la historia húngara, nuestra mayor aspiración ha sido lograr un Estado húngaro... Podemos enfadarnos con él y considerarlo injusto pero, aun así, queremos que exista....»

La suprema ironía de la situación en Hungría, como todos sabemos, es que el hombre (y el sistema) que emplearon los soviéticos para reprimir el alzamiento de 1956 resultaron ser, en un análisis final, el hombre (Kadar) y el sistema (el llamado «comunismo gulash») que preservaron un mínimo de independencia para Hungría, su Estado, su nación, la sociedad y los intelectuales.

Verdaderamente, las ironías abundan y el escritor, príncipe de lo irónico, no deja pasar ni una sola: para la fiesta nacional más importante, los húngaros se reúnen bajo la estatua de un poeta, Sandor Petoffi, en el aniversario del día en que imprimió un poema sin permiso de la censura. Quizás los dos fetiches de la existencia húngara sean la lealtad a la alianza soviética y al mandato del Partido Comunista. Imaginen, entonces, la «sensación de triunfo» del escritor, explica Konrád, al conseguir «burlar ese par de tabúes». El hecho cobra una dimensión estética. «Nuestros censores nos envidian», sentencia en otra página de *Antipolítica*. «También a ellos les gustaría decir lo que piensan. Soy optimista porque sé que el deseo es más fuerte que el miedo».

György Konrád vive en una sociedad en la que hay límites a la apertura y límites a la libertad. Pero se muestra reacio a igualar a la Hungría de hoy con un férreo Estado totalitario y teme que la «gente que llama totalitario al gobierno» esté buscando «una excusa para acomodarse cautelosamente a la censura». Por razones similares, aunque paradójicas, también recela de la teatral intrusión de los medios de comunicación extranjeros en los asuntos húngaros: «No nos interesa tener una legión de corresponsales extranjeros agudizando nuestras diferencias... Si la prensa nos presta demasiada atención, acabaremos por no hablar de los temas cruciales... sino a beneficio de una audiencia internacional, ávida de sensacionalismos». Konrád se muestra duro y sagaz al afirmar que «tanto la aprobación como la reprobación de la opinión pública internacional son mudables, están sujetas a modas». No quiere eso decir que no aplauda el papel de los medios internacionales de comunicación como «auxiliares» de la empresa nacional húngara. Sencillamente, advierte que hay un parecido sospechosamente articulado entre tales medios, en su actual forma de proceder, y los modernos usos del poder: ambos desean ver un crimen en las palabras independientes, para presentarlas como una provocación dramática.

La sociedad civil

Nada podría estar más alejado de la impronta optimista de György Konrád: el deseo es más fuerte que el miedo. Este conocimiento tiene un firme fundamento. Se llama la sociedad civil. Es un término con una resonancia tremenda en la Europa central, en Iberoamérica y en la Europa mediterránea, mientras que en la tradición democrática angloamericana el vocablo palidece o no se entiende bien. La razón es bien sencilla: para ingleses y norteamericanos, la sociedad civil no se menciona porque es algo que se da por supuesto. Los Estados Unidos, la única gran nación del siglo XX sin herencia medieval, se considera a sí misma nacida, en 1776, de un acto de la razón y un deseo puro de libertad; es a la vez la Minerva, pertrechada de todas sus armas, y la Venus, nacida de divina manera, del mundo moderno. Los conflictos entre Iglesia y Estado, el pluralismo y el monismo político, la estructura vertical u horizontal de la autoridad, el dogmatismo y un lenguaje unitario, hegemónico, eran cosas que, sencillamente, no existían en los EE UU. mientras que eran temas candentes en Hungría y México. (El peligro para los EE UU. es que lo desconocido los coja por sorpresa.)

La Iglesia, el Ejército y el Estado, por ejemplo, son las instituciones más antiguas y monopolizadoras del poder en Iberoamérica, donde muy poco quedaba fuera de su dominio; la realidad política se define principalmente por las interacciones y relación de fuerzas de burócratas, eclesiásticos y oficiales, con brotes ocasionales de revueltas populares. Gramsci nos previno de que Rusia era peligrosamente inadecuada para el socialismo, precisamente por carecer de una sociedad civil en un país dominado, no sólo por la Iglesia y el Estado, sino por el perfecto entendimiento entre ambos. Los valores que tanto Dostoievski como Solzhenitsin propusieron —el cesaropapismo o monismo de la iglesia y el estado, de la autoridad religiosa y política— fueron secularizados por el Estado ruso comunista: el marxismo como dogma cuasi religioso es inseparable del Estado, su encarnación y ejecutor. La distancia, la desorganización (y ocasional locura) del imperio español, *defensor fides* y baluarte de la Contrarreforma, hizo que se-

mejante unidad de propósito y cerrazón resultaran
más difíciles de mantener en la Hispanoamérica
colonial. Pero la construcción de sociedades civiles
ha sido un reto en México, Perú, Argentina, Guatemala, El Salvador o Nicaragua, donde la herencia
política de los santos Agustín y Tomás —unidad
monística para alcanzar un bien común, desconfianza
del pluralismo— no ha favorecido su expansión. Los
escritores de Rusia, Polonia, Checoslovaquia, Hungría, México, Argentina o España han sido los grandes defensores de ese frágil margen que llamamos «la
sociedad civil».

Al reconocernos, con todas las variantes históricas imaginables, en la intensa tarea que la Europa central ha desarrollado buscando los fundamentos de una
sociedad civil más allá de los imperativos soviéticos y
del monismo comunista, encontramos que las ideas de
György Konrád son verdaderamente relevantes para
muchas sociedades en el mundo de hoy. Pero la unifor-
midad con que la mayor parte de los pueblos del Oeste,
guiados por medios de información sensacionalistas y
ciertos jefes de Estado simplistas, concibe los desarro-
llos en el interior de la Europa central, conduce a un frágil maniqueísmo: el Oeste es bueno y libre, el Este es
malo y esclavizado; los críticos del sistema en el Este lu-
chan por la libertad; deberíamos ayudarlos a rebelarse,
compadecerlos y desear que estuvieran con nosotros en
el estudio de televisión, en el púlpito académico, en este
acogedor rincón de la página editorial. Existe una
creencia casi presuntuosa de que lo que cualquier centroeuropeo desea es, sencillamente, ser un Gringo Feliz.
Konrád es mordaz en este punto: Los Estados Unidos,
escribe, deberían cesar de estar obsesionados con su
fatuo doctrinarismo de ser la nación más fuerte, más

rica, más libre, más noble y menos egoísta, lo que la obliga a reaccionar de forma desmesurada y neurótica ante cualquier contratiempo o cualquier reto, y que ve intrigas, ingratitud y maquinaciones comunistas, en cuanto alguien con intereses distintos a los suyos insiste, no obstante, en conseguirlos. Konrád trae a colación la famosa frase del jefe del Partido Comunista Húngaro, Matyas Rakosi: «Camaradas, ¿tan bajo hemos caído que nos hemos dejado atrapar por nuestra propia propaganda?». A veces, leyendo a los llamados neoconservadores en la prensa norteamericana (que ni son nuevos ni conservadores, sino de edad madura y, o bien trotskistas arrepentidos, o fascistas que no se atreven a dar su nombre), me pregunto si no habrán sucumbido ellos, también, a la tentación de creer en su propia propaganda.

Ciertamente, nos recuerdan lo fácil que es compadecerse de la Europa «del Este», y condenarla a la miseria invalidando la reforma en la Unión Soviética por «fraudulenta» mientras se olvida conscientemente que, en nuestros propios términos, puramente humanísticos y democráticos, la sociedad soviética no está condenada, como tampoco lo estaban ni Alemania ni Japón, al embalsamamiento histórico ¿Somos o no somos, todos, parte de ese mundo «experimental, que se configura a sí mismo», resultado del trabajo de los hombres, del que habla Konrád? Bastante antes de la *glasnost* y de la irrupción de Mijail Gorbachov, György Konrád escribía:

> Sentimos el mayor interés por la reforma soviética. No nos creemos capaces de crear una vida verdaderamente digna de seres humanos en tanto que nuestros vecinos no hagan lo propio. Con una

Unión Soviética reformista, podríamos reinter-
pretar nuestra relación con una mayor perspectiva
y redefinirla en términos de amistad.

A la vez que escribía eso, Konrád se lamen-
taba de que «Moscú no llevara a cabo su propia
reforma», puesto que los «aliados reformistas» (en
Budapest, en Praga, en Varsovia...) «podrán actuar
más cómodamente con un liderazgo soviético reformista». Las proféticas palabras de Konrád están
siendo puestas a prueba. Si confiamos en las vidas
concretas de los habitantes de las ciudades, tanto en
Rusia como en Europa central, tenemos que desear-
les lo mejor durante el proceso de redefinición de
sus sociedades. Si creemos en la superioridad de los
planificadores de ciudades del Oeste, desearemos
que sus colegas del Este fracasen, puesto que, como
dicen los Maquiavelos de las ondas televisivas en
los Estados Unidos, no le interesa al Oeste que las
cosas vayan bien en la Unión Soviética ni en sus
países aliados. Debería irles mal.
Konrád nos recuerda que el desarrollo de las
sociedades de Centroeuropa conduce a algo que, desde
luego, desasosiega tanto a Washington como a Moscú
y que es la unión de la democracia política con la
democracia económica. En las sociedades del ámbito
soviético no existen ni la una ni la otra. Pero en las democracias capitalistas, nos advierte Konrád, si bien la
política es liberal y democrática, la economía está
organizada jerárquicamente y dirigida desde arriba,
respondiendo a las decisiones de los propietarios.
Konrád nos propone una imagen nueva: una sociedad
poscomunista y poscapitalista. Europa Central no
puede, sin más, retrotraerse, dado su desarrollo dentro

del capitalismo de Estado, con la creación concomitante de una clase media que irónicamente se beneficia de las estructuras de bienestar, a unas condiciones precomunistas. Tiene que transcenderlas. En 1956, en 1968 y en 1980, húngaros, checos y polacos intentaron crear por sí solos una sociedad más allá del capitalismo y del comunismo. Y en cada una de las ocasiones fueron repelidos y nada asegura que no lo vuelvan a ser en el futuro. Pero no deberían confundirse sus razones con un anhelo por convertirse en nuevas Coreas del Sur o Singapures de la Europa Central. La fuerza y la persistencia de su acción social o política dimana de su originalidad: allende el capitalismo, allende el comunismo, los movimientos de la Europa central propugnan sociedades civiles donde los diferentes grupos sociales puedan comunicarse libremente unos con otros y gobernarse a sí mismos con una injerencia cada vez menor del Estado central. El concepto clave, para Konrád y para muchos ciudadanos del otro lado del Telón de Acero, es la autogestión, entendiendo por tal una «democracia representativa que desborde la esfera de lo político y llegue también a lo económico y cultural». En *Antipolítica*, Konrád añade: «Ello significa que la democracia es el principio prevaleciente de legitimación tanto en la fábrica, como en el instituto de investigación o en cualquier otra institución —y no la regla del partido ni de la corporación—». La autogestión plantea, para Konrád, la «pregunta de las preguntas»: ¿Debe la propiedad pertenecer al Estado o a la sociedad? La respuesta se llama Solidaridad y es una respuesta que no debe gustar mucho ni al Partido Comunista ni al poder financiero. Las simpatías que despertaron Lech Walesa y el movimiento social polaco entre los políticos occidentales, razona Konrád, tenían el propósito de molestar al politburó soviético. En realidad, no tenían interés por un movimiento que minara radicalmente el poder monopolístico de todas las clases políticas, incluyendo, simultáneamente, a casi toda la sociedad.

Parecía que Solidaridad, el auténtico emblema de la lucha en la Europa central por una sociedad civil, había sido derrotada. Pero ya sabemos lo que Konrád y otros como él piensan de esos «jalones en el camino... a la liberación», de esas «cartillas» catastróficas. Solidaridad «espera; no ruge en las plazas públicas, sino que vive tranquilamente en cada uno de los hogares».

Este último aserto nos lleva al meollo de la idea centroeuropea sobre la sociedad civil y al umbral de las novelas de Gyorgy Konrád, proféticas y universales, sobre el predicamento humano de ser habitante de la ciudad. El objetivo no es reformar el Estado Partido, sino crear una sociedad civil que no pueda ser vencida por ningún Partido-Estado, una sociedad civil que pueda fundir «el iceberg del poder». ¿Cuándo? Siempre, empezando ahora mismo. ¿Cómo? Konrád cree que «la forma más eficaz para influir en la política» es cambiar los esquemas rutinarios de pensamiento de la sociedad y los «acuerdos tácitos». Dando por supuesto que: «Una sociedad estatal se puede crear rápidamente, pero construir una sociedad civil lleva mucho más tiempo». Dando por supuesto que: este Estado tiene la hegemonía sobre la sociedad, posee fuerzas nucleares, y consiente en acordar una alianza que puede conducir al país a una guerra nuclear. Pero semejante poder es, claramente, un poder sobre algo: es un poder sobre unas personas. Otro centroeuropeo, Joseph Conrad, imaginó, atemorizado, un poder sobre la nada, y ese poder es afín a la locura: Kurtz en el corazón de las tinieblas. En el México azteca, el emperador Moctezuma, al enterarse por los oráculos que la gente tenía sueños sobre la caída del imperio, congregó a los soñadores en su palacio donde les hizo volver a contar sus sueños y después los mandó matar. Moctezuma creía que si se mataba a los soñadores, los sueños morirían. Sólo el exterminio total puede asegurar el poder total, pero entonces el poder no tiene valor.

La sociedad civil. ¿Cuándo, cómo, dónde? Humildemente, insignificantemente, «retirada, atrincherada en sus madrigueras», consciente de los peligros y de los obstáculos gigantescos, dispuesta a esperar una o dos generaciones para lograr la socialización del sistema, sin deseos de derrocar al gobierno porque «no queremos ser líderes de ningún gobierno» sino personas que hacen y siguen haciendo lo que les gusta, «fieles a Montaigne y a Spinoza, a Goethe y a Tolstoi —no meros jefes de Estado o secretarios de Partido—». El éxito de una sociedad civil independiente y en auge en la Europa central no se mide porque un gobierno reemplace a otro, sino por el hecho de que, bajo el mismo gobierno, la sociedad gane fuerza, la gente independiente se multiplique, el entramado de conversaciones que no puedan ser controladas desde lo alto se haga más denso:

La sensación que verdaderamente tenemos no es ni de victoria ni de derrota, sino de experimentación. Cuando miro a mi alrededor me doy cuenta de que todo el mundo está comenzando algo, hace planes, pone a prueba sus habilidades, cuenta sus pequeños éxitos. Unas veces es una escuela experimental o un interesante proyecto de investigación, una nueva orquesta, la oportunidad para publicar algo o un guión que han aceptado, un pequeño restaurante que está a punto de abrir, una asociación de matemáticos o una atractiva tienda, una galería privada, un viaje al Oeste o empresas culturales, publicaciones independientes, periódicos semiclandestinos...

Una segunda cultura comienza a existir: «La sociedad húngara está empezando a parecerse a nosotros», escribe Konrád. Sus novelas son una parte esencial de esta actividad diminuta, humilde, generacional, de exploración democrática, que sólo puede ocurrir desde dentro. «Claramente, la democracia que existe donde yo estoy tiene más valor para mí que la democracia que existe en donde yo no estoy». Nacidas de estas profundidades, las novelas de György Konrád bien pueden alcanzar una resonancia internacional: hablan por boca de todos nosotros, no sólo por Hungría, Centroeuropa, o la esfera de influencia soviética, sino por todo lo que compartimos como humanos con ellos, y haciéndonos parte del Otro satanizado, del verdadero Imperio del Mal, del villano acreditable sin el cual el público, los medios de comunicación y las autoridades del Oeste no podrían vivir en paz. Konrád no sólo nos permite ver estas complejas realidades desde dentro: las proyecta fuera de sí mismo, desde Hungría, como conflictos de la existencia humana, ficciones fatídicas que son tan nuestras, como húngaras o centroeuropeas.

La novela de la ciudad

El planificador de la ciudad la organiza para beneficio del ciudadano, en lugar de dejarle vivir y crecer libremente. ¿Cuáles son las reglas del planificador? Cambiar el poder del dinero por el poder del edicto. Une la utopía con la dialéctica, «... que dejan de ser una alternativa ética para convertirse en una aspiración de la realidad, incorporada a la estructura del Estado». Aspira a una posesión conjunta de conocimiento y poder. Como a Kurtz y a Moctezuma, al planificador de ciudades le gustaría reinar sobre el Todo, lo que es lo mismo que reinar sobre la Nada: «El poder absoluto es la ausencia de poder; al transformar los acontecimientos fortuitos en ley, proclamamos al azar como rey nuestro». El planificador de la ciudad cree que ha dejado de ser un soñador porque ahora está respaldado por las computadoras. En realidad, nos ha llevado a todos al reino del azar y, por lo tanto, «el peligro reside ahora en nosotros, en nuestras estructuras descuidadas y violentas». El habitante de la ciudad se enfrenta al planificador y le suplica una especie de comunión: una comunión autocrítica de planificadores y habitantes. Esta novela trata del doloroso paso de planificador a habitante de la ciudad.

En vez de una ciudad planeada, el habitante quiere una ciudad vivida; y, así pues, crea su propia Utopía: «Deseaba cortar esta resistente estructura... y construir una ciudad nueva en este lugar». La Utopía del morador es una Anti-Utopía para los planificadores, es una ciudad «no sólo pensada, sino pensante». Pero también es una ciudad voluntaria, no natural: «Deseo una ciudad de izquierdas, un diálogo destructivamente constructivo y difusamente coherente sobre los peligros del ser humano». Y entre esos peligros, se encuentra el de la propia Utopía. Pocos conceptos del universo humanístico son tan controvertidos. Los antiguos imaginaban a Utopía en el pasado: Utopía era la ciudad fundacional, la capital de la Edad de Oro, como la tildaron Ovidio y Don Quijote. El utopianismo era un ejercicio de la imaginación mítica. El mundo cristiano, huyendo de una naturaleza caída, estableció la Utopía en el futuro y el mundo industrial secularizó esa futurización: Utopía ocurrirá en un tiempo futuro pero en el espacio presente: aquí, pero más tarde. El humor de esta idea del siglo XVIII queda ilustrado por un personaje de una obra de Goethe que decide sustituir la flora natural por un jardín metálico, o por el tío Toby Shandy y el sargento Trim que recrean los campos de batalla de la Guerra de Sucesión española en el huerto del Shandy Hall, en la novela de Laurence Stern. El crimen y el terror del utopianismo radical —las «soluciones finales»— se van a ver en el Reich de Hitler y en el Gulag de Stalin: la ciudad del sol como un crematorio rodeado de alambradas. Pero la humanidad y la sabiduría del deseo utópico se encuentran también en la visión de Tomás Moro de una sociedad abierta a la renovación constante porque la comunidad pide cambios continuos y formas nuevas, tanto al individuo como al Estado, dejando siempre abierta la cuestión de la organización política. La Utopía sucedió, efímeramente, en el Nuevo Mundo, cuando hombres como el padre Vasco de Quiroga en México, o los jesuitas en Paraguay, crearon comunidades utópicas basadas en las enseñanzas de Moro, para proteger a la población india.

Entre la Utopía del planificador y la del morador, la novela de Konrád sitúa cuatro realidades en vibrante pugna: naturaleza y sensualidad, muerte y solidaridad. No hay reflexión sobre Utopía —la Ciudad Planeada— que no sea una reflexión sobre la naturaleza: ¿Por qué tenemos que construir una ciudad cuando tenemos una naturaleza? Bueno, responde Konrád, ya no existe la naturaleza. La hemos explotado para sobrevivir.

Ya no estamos protegidos por las vastas propiedades de la naturaleza; cuando hacemos un movimiento nos confrontamos unos con otros, no con la naturaleza. Lo que antiguamente se regulaba a sí mismo se ha convertido en tarea de los planificadores. Sin embargo, la naturaleza se afirma a sí misma, se inmiscuye en nuestras confrontaciones, nos recuerda lo que hemos matado para seguir siendo: naturaleza es el nombre de nuestra inocencia perdida.

Esta sujeción a la misma materia que explotamos está maravillosamente descrita, una y otra vez, por Gyorgy Konrád en esta novela. Catastróficamente, la naturaleza inunda un pueblo; un lobezno sacude su pelaje sobre un tejado que flota a la deriva; los patos nadan; unas cerdas «se mecen en el agua, con las tetas vueltas al cielo»; un zorro caza un faisán; la labrantía de ayer se ha vuelto gris; la de hoy, más oscura; los montones de manzanas parecen tejados de dos aguas. Pero el desastre de la naturaleza redime por su propia belleza obstinada y sensual.

Oigamos a Konrád describir el vuelo de las gaviotas:

El propio aire definía las firmes plumas de sus colas, el arco de sus huesos, sus cabezas como balas. Son joyas indiferentes sobre un cielo perfecto y su vuelo es festival impecable y cacería...

Su belleza y libertad no son las nuestras:

*No quieren ni solidificar ni cambiar las cosas.
Vuelan sobre las ausencias y sobre la repulsiva
alianza de la virtud con el vicio. No distinguen
entre su alimento y ellas mismas.*

Nosotros sí: nosotros somos culpables. Ellas
son inocentes de toda relación con nosotros, incluso
cuando nos alimentan, excepto de la relación de muerte. Nuestra sensualidad no es natural, es una compen-
sación de la muerte que infligimos a la naturaleza y un
exorcismo contra la muerte que nos aguarda. Es una
interrupción: nuestra alegría, nuestra ruina:

*Aquella sin la que no podía dormir, cuyo muslo
tenía que tocar en trenes y parques, que tenía más
fragancia tras su oreja que un puesto de flores, a
quien tantas veces monté para oirla gritar de alegría, aquella cuyos defectos perdonaba suavemente... ¿por qué la atormenté mientras vivió?*

La respuesta de Konrád al asesinato de la vida natural por la vida humana, a compensar la falla
de naturaleza con sensualidad, a la planificación
antinatural de la ciudad y a la propia Utopía imposible del morador de la ciudad, es el título de un
movimiento que a menudo hemos mencionado: una
política, sí, y una antipolítica también, una realidad
universal que, sin embargo, los escritores de la
Europa central y del Este han tratado con mayor
seguridad que nadie: la solidaridad es el nombre de
la única actividad humana, posible y salvadora,

capaz de dar respuesta a la naturaleza, al poder, a la muerte y a la ciudad planeada, en esta vida. Solidaridad es la ciudad vivida, la ciudad construida por los que la viven.

Konrád fue asistente social en Hungría y, en la novela de ese título, *El Asistente*, nos da una de las narraciones más conmovedoras sobre la práctica de la solidaridad, desde Dostoievski. El Asistente contempla, en primera línea, el horror de la ciudad, la ciudad en guerra, el protagonista de cuya lucha es un niño idiota a quien nadie quiere y a quien el Asistente habrá de adoptar si desea salvarse a sí mismo y dar alguna consistencia a su fe en la Solidaridad como respuesta de los habitantes de la ciudad a los planificadores. No se trata de crear una nueva Utopía, sino de ceñirse al cuidado de un ser vivo, y adoptar a esa criatura como *mi responsabilidad*.

El horror de la ciudad es el horror del niño en *El Asistente*: «este niño descerebrado, a quien la naturaleza ha privado incluso del conocimiento del miedo». Huérfano, abandonado, descrito de la forma más precisa, sus actos no bordean la putrefacción, se sumergen en ella; el niño idiota depende completamente del Asistente. Sin embargo es él, el encargado de cuidarlo, quien resulta atrapado por el niño, hasta convertirse en dependiente de él. El niño, «un fantasma con cuerpo», plantea una pregunta inoportuna y profunda a la vida de su cuidador: ¿con qué propósito se creó a este idiota? Y, más culpablemente, tienta al Asistente a lavar «este objeto abstracto, a fregar su jaula, a ofrecerle un trozo de carne de caballo, a darle un vaso de leche, a poner bálsamo en su escoriada piel..., a masajear su vientre hundido, a cosquillearle la nuca, a empujarle la lengua detrás de los dientes...» Todos esos gestos de atención no consiguen, al fin, oscurecer el terrible hecho de que los idiotas son «los parientes consanguíneos de los objetos inanimados», que han renunciado a la memoria, y que si el Asistente saliera de la habitación, el idiota le olvidaría para siempre. El idiota es responsabilidad nuestra; sin embargo, dependemos totalmente de él: sólo se acuerda de nosotros si estamos presentes, lo que supone la total ausencia de memoria. Nos hace enfrentarnos a la terrible democracia de la naturaleza. Él es «el héroe del aquí y el ahora, el hermanastro de los objetos, nuestro maestro». La imagen del niño idiota corona las preocupaciones narrativas de Konrád, inmensamente emotivas, sobre nuestro sitio en el mundo: El idiota «es un demócrata nato que no priva a los objetos de su libertad, la cual algún día habrá de serles devuelta, quiérase o no». El círculo estaría cerrado si no fuera por el fallido exorcismo de la muerte. Hemos matado a la naturaleza; ella nos matará. Los asesinos son asesinados. Georges Bataille nos recuerda que los pueblos originales ven en la muerte un asesinato.

La solidaridad de la muerte da paso a un grito desgarrador e irónico en Konrád: No te mates a ti mismo; eso es demasiado original; déjanos hacerlo por ti. ¿Estamos abandonados a la muerte y a la burocracia como únicas realidades concretas, muerte regulada por la burocracia, burocracia alimentada por la muerte, otro círculo aún, bipolar, que rodea nuestras posibilidades, que las impide eternamente?

En *El constructor de la ciudad*, György Konrád otorga un significado y una expresión a la muerte que son, simultáneamente, aceptación de su inevitabilidad y redención de la continuidad de la vida. El narrador de la novela pasa por una de las experiencias más dolorosas de la vida de un hombre: la muerte del padre. No es que las mujeres no sufran tanto: quizás ellas son, simple y correctamente, diferentes. Padre e hijo: la inversión wordsworthiana, el niño es padre del hombre, se convierte en Konrád en algo de resonancias casi míticas: padre e hijo como gemelos no-contemporáneos, copartícipes del mismo vientre que han fecundado y por el que han sido fecundados.

El padre muere. Se lleva al niño. La ciudad baldada pasa a ser responsabilidad del morador: en el nombre del padre, en el nombre de la golondrina, en el nombre de la basura, en el nombre del niño, el planificador se ha convertido en morador.

La naturaleza profética de esta bella novela, su interés universal, se resume en estas palabras:

Que se vaya antes de que prenda fuego a la casa de su padre. La ciudad quiere quedarse y el niño quiere irse. Si le forzamos a permanecer aquí, soñará con terremotos.

La precisión y belleza del lenguaje de György Konrád, digamos en último lugar, no es la menor de las armas que emplea para su crítica constructiva de la ciudad de la humanidad. Konrád devuelve las palabras a la tribu: yo las recibo en México como sus lectores las recibirán en Budapest o en Nueva York. Son palabras poderosas porque, como lo expresó el filósofo francés Alain, la justicia no existe sólo en las palabras, pero antes que nada existe en ellas. Algún día sabremos si las palabras

eran más fuertes que los silencios que se les oponían. O, más bien, no lo sabremos. La sociedad de
hombres y mujeres existirá porque recibió y repitió
y amó esas palabras y, creada por ellas, siguió creando nuevos lenguajes. Kundera ha escrito que la historia de la novela es la historia de su continuidad.
En Konrád, esta tradición aparece encarnada en la
vida de la sociedad. *El constructor de la ciudad* es una
novela que lleva su propio epígrafe oculto en algún
rincón de su corazón: esta ciudad es mi carga enferma. La respuesta de Konrád al reto de la ciudad ha
sido extender sus límites a lo que antes estaba escondido o suprimido, reforzando, por tanto, a la sociedad civil, a su lenguaje y a sus posibilidades.

La literatura es su tiempo, su política, su
sociedad; pero también, por definición, va más allá,
al reino de lo no publicado. György Konrád se salva
a sí mismo como escritor y ayuda a su propio
mundo en conflicto, con sólo hacer eso.

Julian Barnes: Dos veces el sol

La nueva novela de Julian Barnes centellea entre los extremos del encanto y el desencanto. La centella es una pregunta: ¿Dónde? ¿Qué lugar nos corresponde como hombres y mujeres en el siglo venidero? La obertura define el ánimo de la novela: Volamos sobre el Canal de la Mancha, durante el *blitz* aéreo de Hitler contra Inglaterra, y en un caza de combate *Hurricane*, en el momento en que el sol inicia su aparición en el oriente. El sargento-piloto Thomas Prossner desciende rápidamente hacia su base en Inglaterra y, al hacerlo, empuja al sol «por debajo del horizonte»...«pero al mirar hacia el oriente, lo vio ascender nuevamente: el mismo sol saliendo del mismo lugar en el mismo mar».

Prossner invita a su círculo encantado a una joven mujer, Jean Serjeant, la hija de la familia donde el piloto ha sido acantonado. Esta es la novela de Jean, cuya vida seguimos hasta el siglo XXI y la víspera de su centésimo aniversario, en el año 2021. Jean pertenece a un mundo mágico pero también a un mundo utilitario. Participa en los juegos de su tío Leslie, quien le ofrece marcas de golf disfrazadas de capullos de narciso. El tío y la sobrina juegan a desamarrar zapatos y se ofrecen adivinanzas: «¿Por qué se aferra el visón tan tenazmente a la vida?» «Cuando Lindbergh cruzó el Atlántico, llevaba consigo cinco sándwiches. Sólo comió un sándwich y medio. ¿Qué fue de los demás?» La respuesta —lo sospechamos desde el principio— no es tan importante como la pregunta. Karl Kraus escribió una vez que el artista transforma la solución en enigma y en *Mirando al sol* Jean Serjeant, la mujer ordinaria, el corazón sencillo, es el objeto y el sujeto de un arte de encantamiento. Su enigma —su adivinanza— es el siguiente: ¿Los seres ordinarios estamos condenados a vivir ordinariamente, o existe aún, en nuestro mundo, una posibilidad de encantamiento?

Jean pierde la oportunidad de entrar al círculo mágico de Prosser. El piloto muere. Muchos años después, Jean visita a la viuda de Prosser, una mujer gruesa, maternal y agresivamente hospitalaria. Basta verla para saber que la esposa nunca entendió la imaginación de su marido, ni ingresó a ella. Jean sí, ella sí vivió con la imaginación del piloto muerto, pero abandonó la imaginación del otro, o la imaginación la abandonó a ella, ¿quién sabe?, de la misma forma que el tío Leslie, cada día más desidioso y estúpido, abandona a la sobrina, o es abandonado por ella. Jean debe crear su propio círculo mágico. Se pierde en el camino. Se casa con un marido-Edipo, incompetente, infantil e ingenuo, un policía cuyos dos pies apuntan hacia afuera. Su nombre es Michael y con él, Jean penetra en la esfera del desencanto total; la relación sexual con Michael, por ejemplo, es parte de la limpieza de la casa. El ama de casa ordinaria y servicial, invisible e indeseada, debe aprender poco a poco el mito que le pertenece a ella, el mito del cual el mundo desencantado la despojó. En el imperio prosaico y gris de los sinsentidos de su marido, Jean es parte del aparato doméstico: una aspiradora eléctrica. «Sirves», es la manera como su esposo la juzga.

Las aspiradoras eléctricas, por supuesto, son parte del mundo desencantado, como escribió Max Weber, por el triunfo de la tecnología. Lo fascinante de Jean Serjeant —la proposición inmensamente seductiva de Julian Barnes— es que esta mujer ordinaria encuentra su mito en el acto más común y corriente de la magia moderna: la aviación. La novela está sembrada con toda clase de aviones, desde el modelo de un niño hasta el caza de combate de Prosser. A semejanza del encanto y el desencanto, los aviones se levantan y se caen: el mito de Jean es el mito de Ícaro.

Un día, durante la guerra, Prosser asciende como una flecha hacia el sol y en seguida desciende, estrellándose en la tierra. No importa; acaso la excitación vale la pena. La única manera de encantar de nuevo al mundo es encantando a su tecnología.

Jean abandona a su marido, viaja, vuela en busca de las Siete Maravillas del Mundo, encantando al mundo con los medios tecnológicos asequibles: los aeroplanos. Se detiene al borde del Gran Cañón del Colorado y observa a un avión que vuela debajo de la superficie de la tierra. En el suelo, Jean está más arriba que el avión que vuela, debajo de ella, en el desfiladero, y ver el cuerpo y las alas del avión desde arriba es como ver el lado misterioso de una hoja o de una polilla.

Pero el encanto del vuelo, como nos lo recuerdan constantemente la vida y la muerte de Prosser, contiene tanto la vida como la muerte. La muerte excedente de un desastre aéreo, nos explica Barnes sadística aunque risueñamente, incluye un ataque cardiaco inducido por el cinturón de seguridad al impacto contra el suelo; en seguida el fuego

vuelve a matarnos, luego la explosión nos desparra-
ma, luego los pedacitos de nuestro cuerpo se mue-
ren a la intemperie mientras los equipos de rescate
nos buscan en la colina. A la injuria se añade el
insulto. Se nos miente mientras la muerte se avecina: si un ala se desprende del avión, el capitán,
seguramente escocés y con voz callada, nos anuncia
que el aparato de bebidas gaseosas no está funcio-
nando. El decorado es espantosamente cursi y con-
fortable. La gente que nos rodea es desconocida e
insoportable. Todos gritan...

El exceso mortal de la aviación seguramente
es peor que la muerte en la hoguera. Sin embargo, es
probable que el avión de Jean en realidad sea una
escoba y ella misma una hechicera moderna, una bru-
ja de clase media tan ordinaria como todas las or-
dinarias brujas domésticas de la Edad Media que
fueron acusadas de brujería porque simplemente
querían escapar de un exceso de prohibiciones y de
una paucidad de amor: querían hacer lo prohibido y
soñar la pasión.

Volar, amar, encantar al mundo: Jean Serjeant, el corazón simple, necesita un Ícaro que la
acompañe en su búsqueda. Prosser, su alado héroe, ha
caído. Gregory, el hijo tardío de Jean y Michael, se
convierte en el Ícaro sedentario, sin alas, de su
madre. Los vecinos le dicen que un hijo tardano es un
hijo bendito. Pero Jean sólo quiere que su hijo sea
ordinario, y su deseo le es concedido. Con su hijo,
Jean establece «una república autónoma», se sale del
círculo deprimente de su marido para formar un otro
«*Nosotros*» = Madre e Hijo. El ideal (romántico y, al
cabo, destructivo) de la unidad mueve nerviosamen-
te su nariz nostálgica en alguna parte: «Que los dos

sean uno...» Pero la pregunta es testaruda: «Madre e hijo: ¿qué clase de nosotros es este?»

Julian Barnes se muestra sumamente hábil en ofrecernos las maneras en las que Jean y su hijo Gregory no se convierten en una identidad forzada. La madre y el hijo hacen algo mucho mejor, mucho más sabio y convincente. Se ayudan entre sí para convertirse en alteridades. Jean echa de menos el círculo mágico de Prosser, cae en la vida segundona de Michael y al cabo alcanza «una vida de primera» con su hijo, con la amante de su hijo, Rachel (quien pasajeramente le da su amor físico a Jean) y consigo misma, con su propia vida, con su memoria.

Al cabo es su hijo desangelado quien la conduce a las aparentes alternativas del encanto y el desencanto en el siglo XXI. ¿Viviremos entre una tecnología encantada y un dios desencantado? ¿Entre un nuevo encantamiento de la computadora y de la divinidad? ¿O estaremos condenados al desencanto de ambos? ¿O al desencanto de la tecnología seguirá el nuevo encanto de Dios? El hijo sirve de mediador para lo que la madre vive inmediatamente. El papel de Gregory consiste en traer a la vida de Jean (y a la del libro) la tecnología encantada y el desencanto de Dios. Pero la computadora, aunque nos prometa LAV (La Absoluta Verdad), quizás es manejada, como el jugador de ajedrez de Poe, por nosotros mismos. Barnes transcribe con gran humor las conversaciones con las computadoras ligeramente distraídas y núbiles. Pero cuando la computadora recibe las adivinanzas de Jean, la máquina (nuestro Espíritu Santo) simplemente responde, parpadeando: ESTA NO ES UNA PREGUNTA VERDADERA. Y tiene razón: Jean le ha pedido a la esfinge del mundo que le conteste sus enigmas. Pero el mundo, a su vez, le ha preguntado a Jean: ¿Acaso no sabes que tú eres la esfinge, y que tú deberías contestar a mis enigmas, los enigmas del mundo?

Pero, entonces, ¿en qué queda el Otro Interlocutor, el Desencantado a quien antes mantuvimos en tan alta Estima? Borges renovó para la literatura contemporánea la técnica serenamente delirante de la taxonomía (evocativa del juglar del siglo XVIII, Laurence Sterne) y Barnes la explota con pericia, tanto en su libro anterior, *El loro de Flaubert*, donde analiza las posibilidades de la vida y de la escritura, como en *Mirando al sol*, donde enumera nuestras posibles explicaciones de Dios —¿o acaso se trata de las explicaciones que Dios se da de sí mismo? Siempre he imaginado a Dios como una mujer, parecida quizás a Imperio Argentina o a Mae West, habitando un aterciopelado apartamento de la Belle Époque, recibiendo mensajes mediante una sirvienta negra («Beulah, pélame una uva...»), quien a su vez exclama, «¡Dios mío, las cosas que se dicen sobre Usted!»

Los herejes son los grandes vivificadores del cristianismo, y Julian Barnes acomete su tarea con el entusiasmo de un agnóstico medieval de la persuasión apolinaria. Estas son mis proposiciones preferidas:

La primera: Dios sí existió, no existe por el momento, pero volverá en el futuro. Ahora se está tomando un sabático divino.

La otra: «Dios nunca existió pero existirá en el futuro».

Entre estas dos proposiciones, usted y yo, Gregory y Jean, nos quedamos con el espacio sufi-

ciente para construir un mundo de enigmas, preguntas y metáforas sobre las cuales tenemos cierto
poder; podemos estar seguros de que una cierta
medida de libertad y de amor serán nuestras, con
tal de que sigamos convirtiendo las respuestas en
nuevas preguntas, las soluciones en enigmas reno-
vados. Si usted insiste en tener Fe, adhiérase a la
mejor fórmula, que es la de Tertuliano: «Es cierto
porque es absurdo». La fórmula vale para Dios y
para la Computadora.

Julian Barnes nos permite entender que Jean
y Gregory están llenando, desesperadamente, los
muchos vacíos que nosotros mismos, por acción u
omisión, hemos creado en la sociedad moderna.
Después de su maravillosa meditación sobre Flaubert, Barnes ahora traza un paralelo implícito entre
las heroínas del novelista francés y su propia Jean
Serjeant. Madame Bovary es derrotada por los hoyos
que encuentra en la vida y que ella rellena con vene-
no. Pero Jean Serjeant no derrota a su tedioso marido
y a su mediocre vida con una dosis de arsénico. Jean
prefiere, como el corazón sencillo de Flaubert, la
criada Félicité, digerir su propia vida, notable y
corriente, triste y satisfactoria.

Si Jean Serjeant es una hechicera, ni ella ni el
lector tienen conciencia de ello. La gran precisión lingüística de Julian Barnes, su distancia irónica y su
talento para encarnar ideas, jamás toleran que veamos
en Jean, o en situación o personaje alguno, un símbolo. Más bien, el autor nos invita a ser testigos de una
realidad que normalmente no vemos. Allí está; no nos
dábamos cuenta de ella; ahora nos apercibimos. Los
milagros, le dijo un día don Quijote a Sancho, son
simplemente cosas que rara vez ocurren.

Mirando al sol nos da, en vez de un milagro, una maravillosa epifanía. Si Jean Serjeant es una hechicera, es por necesidad. Nosotros la hemos condenado a una «vida de segunda». Ella regresa armada con un perico o un aeroplano o una escoba diseñada por Goya, volando hasta el centro de nuestra conciencia. Y allí, Jean nos pide: —No expulsen de la vida lo que no pueden ver o entender. El sol puede aparecer dos veces en el horizonte, basta taparse la cara con la mano y verlo con los dedos separados.

Madre e hijo, en la epifanía final, toman un avión en la víspera del centésimo cumpleaños de Jean y vuelan hacia el sol, mirándolo de la misma manera que a ella le enseñó (y mediante ella, a su hijo) Tommy Prosser, muerto hace tantos años: a través de los dedos de la mano que enmascara tu rostro. Lo que Prosser vio entonces es visto de nuevo por la madre y el hijo.

Julian Barnes pertenece a la extraordinaria generación joven de narradores ingleses que están renovando una gran tradición. La tradición, a veces, parecía ahogada bajo una cubretetera: doméstica, capturada dentro del género claramente definido, argumento ordenado, tiempo lineal y caracterizaciones redondas. Junto con el notable *Hawksmoor* de Peter Ackroyd, la poderosa *Waterland* de Graham Swift y *On The Black Hill* de Bruce Chatwin, una novela comparable en su hermosura a *Pedro Páramo* de Juan Rulfo, la obra de Barnes está al frente de la nueva internacionalización de la novela británica.

Este evento literario —es importante notarlo— le debe muchísimo a los renovadores de la prosa en lengua inglesa llegados desde la periferia de los antiguos dominios coloniales de la Gran Bretaña. Nada existe en pureza y aislamiento en el mundo actual. El sol está apareciendo dos veces y para mí es una alegría saludar la voz inglesa universal de Julian Barnes, mientras acomete las barreras convencionales de tiempo y género, apela a la caracterización a partir de las ideas y el lenguaje, y mira de cara, no sólo al sol, sino a la inteligencia del lector.

Italo Calvino escribió que el escritor debe escribir sabiendo que el lector es más inteligente que el autor. El lector sabe algo que el escritor desconoce: conoce el futuro. El lector seguirá allí cuando el escritor haya desaparecido. Barnes asume el riesgo de ser tan inteligente como sus lectores pueden desear que lo sea. Esto no es desdeñable en un mundo dedicado a la diversión, alta y baja.

Artur Lundkvist: La ficción poética

Hay libros sellados para siempre por sus palabras iniciales: «Era el mejor de los tiempos, era el peor de los tiempos»; «Durante una temporada, me acosté temprano»; «En un lugar de la Mancha, de cuyo nombre no quiero acordarme»; «Llamadme Ismael...». La belleza y la paradoja se reconcilian en estas palabras. La gran obertura retórica de Dickens nos conduce a la rendición final que Sidney Carton hace de su propia libertad para la muerte. El narrador de Proust jamás volverá a dormir, víctima de un recuerdo sin fin. Don Quijote, olvidando voluntariamente y voluntariamente haciéndonos dudar acerca de su lugar de origen, su autor, su género y su nombre, crea el principio de incertidumbre propio de la novela moderna. El Ismael de Herman Melville, en fin, sólo será él mismo siendo otros.

«Sé que estoy viajando todo el tiempo». Así comienza Artur Lundkvist su crónica de dos meses de inconsciencia, de muerte técnica, de inmovilidad. La paradoja es llamativa; nos preguntamos si nos conducirá a una verdad comparable con su belleza. Pues se trata, nos damos cuenta también, de una paradoja desesperada. El autor es prisionero «de un mundo totalmente plano donde lo único que puedo hacer es yacer de espaldas y respirar». ¿Podrá encontrar, en las profundidades de su ausencia, solaz, o un riesgo superior al de la muerte de la voluntad, sabiendo que «en el lugar del planeta donde me encuentro, la velocidad de rotación de la tierra es de aproximadamente 240 metros por segundo», y que ésta es «una velocidad que podría superar en mucho la de cualquier huracán»?

El presentimiento del peligro es peor que el hecho de la muerte; si el aire no estuviese aquí para protegernos (incluso mientras agonizamos), su propio movimiento nivelaría a la tierra, convirtiéndola «en sólo un inmensamente agitado océano». Un espectral equilibrio sostiene, desde el principio, al libro de Lundkvist; mientras él descansa, inconsciente, en su lecho, la tierra viaja alrededor del sol a treinta kilómetros por segundo.

El desplazamiento es la acción de la literatura. Abandonamos nuestra aldea y salimos a descubrir el mundo. Abandonamos a los muertos y sus mitos, abandonamos el mundo de los dioses, salimos a viajar y luchar y crear los mitos del hombre. Intentamos regresar al hogar y no siempre lo logramos. Abandonamos nuestra propia piel para convertirnos en otros. Viajamos, como Xavier de Maistre, alrededor de nuestra recámara; o, como Julio Verne, al centro de la tierra. Hacia el faro, hasta la montaña mágica: la literatura es el navío, al cabo, del viaje interno en el que, como señala Freud, la labor de la vida se convierte en el trabajo de los sueños, y las sustituciones entre lo que fuimos, lo que somos y lo que seremos, tienen lugar (o, más bien lo dejan).

Cervantes, Goytisolo, Lundkvist: la geografía de la novela es la historia de sus desplazamientos, y éstos ocurren a veces en el bajel de mi mente, a veces en la carroza de un memorial, a veces en el corcel de una épica, otras, en la alfombra voladora de una fábula. El novelista no respeta los géneros. Los asume, subsume y transforma. Lundkvist los devuelve al solar común de la metamorfosis narrativa: la raíz poética. Gracias a la poesía, la novela es el sitio en el que todo puede ocurrir, así el viaje inmóvil como la metamorfosis de todas las cosas, incluyendo a la vida y a la muerte.

Desde el centro de esta paradoja el libro de Lundkvist toma, o deja, su plaza literaria: desplaza y emplaza a un tiempo: una inmovilidad radical se ve rodeada por un movimiento incesante. Llamemos al movimiento metamorfosis, sueño, naturaleza, deseo, voz, palabra. Llamémoslo muerte. Desde el corazón de esta paradoja, establecida de una vez por todas, todas las cosas pueden fluir, pero nunca pueden regresar. La paradoja del viajero inmóvil, Artur Lundkvist, hundido en el reino del inconsciente, soñando el sueño del silencio, laborando en el sueño de la muerte, es que sólo algo más allá de la paradoja puede darle vida a la situación que su protagonista vive y muere simultáneamente.

Llamémosla metamorfosis: la transformación, libre o determinada, es la respuesta inmediata a la paradoja del viajero inmóvil. Todo puede volverse rígido. El poeta nórdico nos habla de nieve y hielo y del «Espíritu Santo de la Congelación». La inmovilidad extrema de lo congelado convoca la fluidez extrema de la metamorfosis: el hielo se derrite; un río puede ascender por encima del paisaje hasta fluir en el cielo; el viento puede transformarse en vegetación y el propio Artur Lundkvist puede convertirse en una foca y nadar en el mar junto con otra foca.

La metamorfosis es nuestra manera de imaginar el poder de la naturaleza, haciéndolo nuestro, domesticando el incesante cambio mediante el trabajo de la imaginación humana. Cambiamos lo que no podemos controlar. Incluso le añadimos naturaleza a la naturaleza: Mira, un volcán que da leche. Variada, temerosamente, llegamos a aproximar nuestra propia fatiga, recostados sobre una cama de hospital, a nuestro enemigo uxorio, nuestra madre y nuestra amante, nuestra carcelera y nuestra víctima, la Naturaleza: ningún eco «puede soportar su tarea para siempre»; el río Tigris se cansa de lavar «la ropa sucia de los demás»; e incluso las obras que nosotros mismos introducimos en el mundo objetal remedan nuestra decadencia: «Existen estatuas que han estado tanto tiempo de pie que sus piernas tienen várices».

Hay un peligro en todo esto, y el viajero inmóvil lo sueña. El peligro es que la metamorfosis puede convertirse en un espejo donde el cambio ocurre, como una película de los Hermanos Marx, en perfecta imitación de nuestro deseo. Quizás no hay vidrio en este espejo, sino la pura forma del marco entre nosotros y la naturaleza cara a cara, tan enamorados del cambio constante que lo transformamos en el principio de una mímesis perfecta. Como cambia la naturaleza, así cambiamos nosotros; como cambiamos nosotros, así cambia la naturaleza. Nos engañamos: volvemos a ser naturaleza.

Semejante simetría puede conducirnos a la inmovilidad pura, como la lluvia evocada por Lundkvist como «un río que ha dejado de fluir». Mas cuando el río vuelve a fluir, es sólo para tragarse a sí mismo y dar media vuelta. Estamos de regreso, en el principio; el mundo gira y con él gira el hombre acostado de espaldas, el viajero inmóvil. No me llamen naturaleza entonces, pues no soy la naturaleza, ningún ser humano posee el poder de un solo caballo «con truenos en su barriga y relámpagos en sus patas, con el flujo oscuro de la sangre espesa y poderosa como una catarata encarcelada».

Podemos imaginar que somos como «los cisnes en su fría blancura y con sus ojos implacables».

Podemos anhelar «hibernar como un animal en su guarida, con la nieve protegiendo su desaparición».

La metamorfosis no puede detenerse en sí misma, congratulándose de que al cabo los hombres dominamos a la naturaleza porque nos parecemos a ella. El viajero inmóvil usa la metamorfosis para salir de la paradoja y encontrar el símil; pero, siendo un poeta, quiere, además, unir los dos términos de la comparación en una metáfora. Así nos damos cuenta de que el poeta es el habitante de la inconsciencia de Lundkvist, el poeta es el viajero que no se mueve, el poeta es el tentador de la paradoja, el poeta es el hechicero de la metamorfosis, pero el poeta es, también, el juez que no caerá en la trampa de las fáciles identificaciones: ¿Crees que eres una foca? ¿Quisieras ser un cisne? ¿Quieres creer que los ríos se cansan de lavar? Bueno, entonces piensa, y desea, y cree un poco más; apenas estás arañando la costra de tu terrible verdad, tocando las heridas de tu orfandad, acercándote a la identificación de tu soledad radical y desguarecida: eres parte de la naturaleza, que te ha nutrido y te ha dado tu ser, pero dejarás de ser si no te separas de su abrazo devorador.

No hay equilibrio entre el hombre y la naturaleza. Hay conflicto; hay tragedia: ambos tenemos razón. Debemos explotar a la naturaleza para sobrevivir. Pero la naturaleza nos sobrevivirá (a menos que el holocausto nuclear nos haga desaparecer al mismo tiempo). La metamorfosis puede ser la salida del deseo nostálgico de recuperar una unidad y una felicidad que nunca fueron. Nacimos y moriremos en conflicto y separación, «dañados», como dice Adorno. El problema es transformar las diferencias en valores.

«Tienes pies pero no raíces, esto es lo que te diferencia de los árboles». Pero el oso se mueve, y la foca, y el caballo, y el río. De suerte que no sólo el movimiento nos separa de la naturaleza, sino la cualidad del movimiento. Sólo podemos remedar nuestro amor al océano acariciando sus olas; el océano nos exige como verdadero acto de amor ahogarnos en él. El sol sufre sin fin y nada nos debe, nada nos pide. Sobre la naturaleza se suspende una totalidad infinita, soberanamente indiferente a nosotros. Nosotros nunca somos esa totalidad, somos sólo una de las partes menores de la naturaleza (tú estás de espaldas sobre tu lecho y miras al cielo raso): nunca podemos integrarnos realmente con el fuego, el agua, la tierra o el aire, la forma humana es siempre extranjera a la forma de los elementos.

El dilema —ser devorados por la naturaleza o expulsados de la naturaleza— sólo lo resuelve el arte. La historia es el nombre de la separación fatal; el arte, el de la posible unión. No podemos renegar de uno u otro término, pero tampoco los podemos reconciliar plenamente, entre sí o con nosotros. Tenemos voz, tenemos palabras, esta es la cualidad de nuestro movimiento. La poesía es nuestro intento de anudar, a su mínimo nivel humano, lo natural y lo histórico. La tarea del escritor es recobrar la identidad original de la historia y la poesía, dijo

Croce de la *Ilíada*. Crear este documento es, quizás, la tarea interminable del hombre que viaja acostado de espaldas durante dos meses en un simulacro de la muerte. Llamémosle Artur Lundkvist.

Pero no lo llamemos Muerte. Morir, escribe Milan Kundera, es perder el pasado, no el futuro. Artur Lundkvist da el paso de más: una vez que la muerte se hace presente, es como si la vida nunca hubiese existido. «Haber vivido deja de tener sentido», pues la muerte nunca intenta, por sí misma, algo que la transcienda. Sin embargo, en el pozo de la inconsciencia, en la imitación de la muerte, el poeta encuentra un deseo de regresar «a nuestro viejo mundo... con su interminable espera, con el insoportable dolor de sus memorias».

Italo Calvino: El lector conoce el futuro

Recuerdo que pasé varios días, en el verano de 1979, leyendo en una playa la novela de Italo Calvino *Si una noche de invierno un viajero...* Luego cené con mi amiga Susan Sontag. Ella me dijo que también acababa de leer el libro. En seguida, los dos levantamos los brazos en un gesto de admiración desesperada y exclamamos simultáneamente:

—¿Por qué no se me ocurrió a mí primero?

Muerto en 1985 a la edad de sesenta y dos años y el día mismo en que un terremoto asoló a la ciudad de México, Calvino era en verdad el novelista de los novelistas. Pero también sus ensayos, reunidos en *La máquina literaria,* nos acercan a un escritor supremamente inteligente pero siempre fiel, en su pensamiento, a su imaginación narrativa. Escriba sobre las Odiseas dentro de la Odisea, la ciudad en Balzac, la utopía de Fourier, Barthes o Cyrano y la relación de la literatura con el cine, la política, la filosofía o el erotismo, el ensayista alimenta al novelista, y éste a aquél.

No obstante, Calvino no confunde las cosas. Un brillante ensayo sobre «La política y la novela» nos ofrece una precisa distinción. Existen, dice el autor, dos maneras equivocadas en el uso político de la literatura. La primera es exigir que la literatura le dé voz a una verdad ya dicha por la política. La segunda es reclamar que la literatura ilustre la variedad de los sentimientos humanos eternos. Ambas demandas, la una política, la otra, aparentemente, humanista, simplemente le asignan a la literatura la tarea de confirmar lo que ya se sabe. Los usos correctos de la política y la literatura son, en cambio, dobles: la literatura le es necesaria a la política cuando le da voz a lo que carece de ella y nombre a lo anónimo. Además, como modelo de valores, la literatura posee el don de «imponer patrones de lenguaje, visión, imaginación, esfuerzo mental y correlación de hechos». La conclusión a la cual llega Calvino es típicamente suya: La literatura es terreno sólido para cualquiera que intente establecer un sistema de sutileza y flexibilidad suficientes para convertirse en una perfecta ausencia de sistema.

Semejante conclusión es parte de la concepción «calvinista» de un lector hipotético que, después de todo, no sólo va a leer hoy, sino mañana también. La esperanza de la civilización descansa sobre esta hipótesis: Mañana habrá un Lector. En consecuencia, la literatura debe presuponer un público más culto que el propio escritor. El escritor se dirige a un lector que sabe más que el autor. Y lo que el lector sabe es lo que ningún escritor sabe hoy: el Lector conoce el Futuro.

Calvino concluye y vuelve a abrir, de esta suerte, la premisa misma de esta *Geografía de la novela*, tal y como la planteo en el capítulo sobre Borges: Pierre Menard deberá escribir *Don Quijote*. Pero *Don Quijote* ya está escrito y Menard nos entrega un texto idéntico al de Cervantes. Pero entre los dos textos ha ocurrido una cosa. Esa cosa se llama el Futuro y tal es la novedad de la escritura del *Quijote* por Menard. No podemos leer su *Quijote* como leeríamos el de Cervantes, porque Menard conoce el futuro de Cervantes, por lo menos hasta la época de Borges.

En la obra de Calvino, en efecto, leemos a un autor que se inventa un yo que sabe más que sí mismo a fin de que pueda dirigirse un día a alguien que sabe aún más. Gracias a esta visión de suprema y fantástica inteligencia literaria, Calvino fue capaz de ver la parte desolada de nuestra existencia que clama por ser escrita. Fue el escritor del mundo no escrito, el novelista que pudo escrutar en nombre de todos «esa oscuridad rayada de voces» (*Cosmicómicos*).

La crítica italiana ha discutido si Calvino era realmente un escritor de vanguardia que renovó las estructuras de la literatura o, más bien, un posvanguardista que sólo las revisó y combinó. Quizás no fue ni lo uno ni lo otro, sino algo distinto pero algo más. La noción de la vanguardia está íntimamente aliada a la de progreso, e implica que el arte progresa al paso de la sociedad, la tecnología, etc. Pocos artistas se aferran actualmente a esta consolación. La fe beata en la perfectibilidad humana nos condujo a las grandes pesadillas de nuestro tiempo. Cuando yo evoco mi propia lectura de Calvino, lo que más me llama la atención es su búsqueda de lo que sólo puede decirse gracias a la literatura. Vuelvo también a esta premisa inicial de la *Geografía de la novela*, que es la de Hermann Broch. Abarca —los latinoamericanos lo sabemos— darle voz a los mudos y nombres a los anónimos.

Sin embargo, la respuesta de Calvino no es un programa, sino una poética radical basada en la búsqueda de lo que espera ser dicho y no, simplemente, de lo que ya ha sido dicho o, contrastadamente, de lo que sólo es novedoso. En *Cosmicómicos*, *Las ciudades invisibles* o *Palomar*, Calvino creó ficciones tensas e intensas en su hallazgo de la reverberación de cada página, creando así la ficción potencial en la cual el lector puede leer lo no escrito en lo escrito. Exigencia enorme, es cierto, pero muy a la medida de un escritor de este tamaño.

Vio y escribió. La relación constante entre el acto de ver y el acto de escribir le da su forma supremamente bella y significativa a su última obra, *Palomar*. El señor Palomar (como el observatorio astrofísico de ese mismo nombre) ve y ve y ve: debe ver la superficie de todas las cosas antes de atreverse a penetrarlas. La superficie debe ser conocida antes de que la profundidad sea intentada.

El problema es que hay tanta superficie, que jamás podemos agotarla. Todo es piel; nuestra piel y la del mundo. Pero Palomar se pregunta: ¿no es la mente, piel también, piel tocada, vista, recordada? ¿Acaso ve la mente lo que verdaderamente está en la naturaleza o, como los ojos de la mente del señor Palomar, acabamos por darnos cuenta de que nada de lo que vemos existe en la naturaleza: ni el sol se pone, ni el mar tiene este color, y las formas, acaso, sólo son proyecciones de la luz sobre la retina?

Calvino ve la superficie de las cosas sólo para darse cuenta de que es su mente la que observa y su mente ve lo que imagina: lo objetivo y lo subjetivo, lo superficial y lo profundo, se resuelven en el acto imaginario. Calvino confirma una premisa más de la *Geografía de la novela*: el nombre del conocimiento en literatura es imaginación.

Dotada supremamente de gracia y humor, intensamente conectada con el amor, la amistad y los libros, la fantasía de Calvino era, también, una forma de cortesía; quizás, su imaginación lo convertía en un amo de la fraternidad que da título a este ensayo: *El Lector Conoce el Futuro*.

Los límites cómicos de la literatura son establecidos por Calvino cuando espía a Ian Fleming escribiendo una novela estructuralista o cuando el autor italiano aplica las técnicas de la nueva novela francesa al arte del *jogging*.

Pero también están presentes la belleza y el significado sin límites de la imaginación literaria. Con una sonrisa, Calvino, incesantemente, intentó fijar en la literatura la imagen del mundo en el momento en que el mundo busca su propia imagen o, como él dice, mientras el mundo «empezaba a ofrecer una imagen de sí mismo» (*Cosmicómicos*).

Arte de la lectura, arte de la parodia, arte de la fragmentación, arte de lo inacabado: quería capturar en un libro la parte ilegible del mundo, el mundo sin centro y sin yo, pero sabía que todo lo que no está escrito siempre será más de lo que ya está escrito y es por ello que la página escrita debe reverberar y crear la ilusión de que el lector también lee lo no escrito cuando lee lo escrito: el Lector conoce el Futuro.

Arte de la fragmentación: Calvino ofrece amorosamente los fragmentos de un libro que se está haciendo y a través de ellos lee al mundo. Sus novelas están llenas de elipsis, enigmas, preguntas: ¿qué dicen, por ejemplo, los libros prohibidos en su sublime y sublimada versión de la Argentina de los generales: Ataquitania?

Nos invita a acompañarlo en la recreación del mundo que es la creación del libro. Su humor, sin embargo, impide el peligro de una creación completa o cerrada; evade el libro total, porque éste sería un libro sagrado, donde nadie hace más preguntas, porque todas parecen contestadas. Prefirió, acompañado por su primo el sordo —*mio cugino il sordo*— abandonarse a la atracción de la luna, bebiendo su litoral de leche desde una canoa.

Si una noche de invierno un viajero... sigue siendo el ejemplo de la novela supremamente abierta que nos revela, carnalmente, lo que el propio Calvino podría considerar «la tela de araña» de sus ingeniosos y alados, pero también punzantes y paradójicos, ensayos. Calvino inventó una novela perpetuamente abierta en la que, para siempre privados del cosquilleo de saber «cómo va a terminar», confrontamos, en vez, la oportunidad aun más placentera de imaginar cómo *no* termina la novela, sino *cómo* se reinicia, se relaciona y correlaciona, construyendo insospechadas constelaciones de significado.

Arte de lo inacabado, reabierto y vuelto a *ensayar* constantemente a fin de que pueda ser leído por primera vez por cada nuevo lector. El Lector conoce el Futuro, y a fin de respetarlo debemos entregarle un libro que es acontecimiento continuo, un hecho establecido, concluido.

En este proceso interminable de la creación como la practica Italo Calvino, Werner Heisenberg se encuentra con Kublai Khan, y Marco Polo viaja al reino de Albert Einstein, mientras las ciudades invisibles giran con nuestro propio girar en el universo, los barones habitan las ramas de los árboles y las señoras pierden la parte inferior de sus bikinis en mares sobrepoblados. En este universo «calvinista» en el que las tortugas hacen difícilmente el amor y la sociabilidad se vuelve imposible cuando todos los puntos del mundo coinciden idealmente en uno solo, debemos ir más allá del *Aleph* de Borges hacia una certeza narrativa, terrible y maravillosa, que se afirma en medio de la finitud inacabada del mundo y nos ilumina.

Es esta: Un libro sólo nos habla de la inevitabilidad de la muerte y de la continuidad de la vida.

Italo Calvino nos mantuvo alertas a todos, obligando al racionalista a dudar de su razón y al intuitivo a dudar de su intuición. Y lo hizo con un fabuloso espíritu lúdico, con un humor que era su garantía de salud en un mundo temeroso y temible.

¿Por qué no se me ocurrió a mí primero?

Salman Rushdie: Una conclusión y una carta

I. *Nuestra humanidad inacabada*

Mijail Bajtin fue, probablemente, el más grande teórico de la novela en nuestro siglo. Su vida es tan ejemplar como sus libros. Sus ideas heterodoxas le merecieron que fuera enviado a remotas comarcas de la Unión Soviética por los burócratas literarios del estalinismo. Cuando, bajo Jruschov, llegó el tiempo de la rehabilitación, ésta no benefició a Bajtin. No pudo ser rehabilitado, porque nunca se le acusó de nada. Víctima de una intolerancia sin rostro, la némesis política de Bajtin fue Stalin, pero su símbolo literario fue Kafka.

Su caso ni es ni fue único. He pensado mucho en Bajtin estos días, al pensar en mi amigo Salman Rushdie. La obra de Rushdie encaja perfectamente en la definición bajtiniana de nuestro tiempo como una era de lenguajes en competencia. La novela es la arena privilegiada donde los lenguajes en conflicto pueden encontrarse, reuniendo, en tensión y en diálogo, no sólo a personajes opuestos, sino a civilizaciones enteras, épocas históricas distantes, niveles sociales diferentes y otras realidades emergentes de la vida humana.

En la novela, realidades comúnmente separadas pueden darse la mano mediante un encuentro dialógico. No se trata de un ejercicio gratuito, sino

que revela algunas cosas fundamentales. La primera
es que, en un diálogo, nadie tiene toda la razón.
Nadie posee una verdad absoluta. Nadie es el dueño
de la historia. Yo y el otro, y la historia que ambos
estamos haciendo, aún no somos. Ambos estamos
siendo. No estamos terminados. Por su naturaleza
misma, la novela indica que somos seres inacabados
y que no hemos dicho nuestra última palabra.

Esto es lo que Milan Kundera dice cuando
propone a la novela como una redefinición constante de los seres humanos como problemas, jamás
como verdades selladas, concluidas. Pero esto es,
también, lo que los ayatolás no pueden tolerar. Para
los ayatolás, la realidad ha sido definida dogmática-
mente, de una vez por todas, por un texto sagrado.
Pero un texto sagrado, por definición, es un texto
terminado y exclusivo. Nada se le puede añadir. Es
su propio magnavoz.

El texto sagrado ofrece refugio perfecto a los
inseguros que entonces, con la protección del texto
dogmático, proceden a excomulgar a aquellos cuya
seguridad consiste en buscar la verdad, no en tener-
la. Luis Buñuel lo decía de esta inimitable manera:
«Daría la vida por un hombre que busca la verdad,
pero mataría a un hombre que cree haber encontrado la verdad».

Esta salida buñueliana está siendo actuada
dramáticamente, pero en reversa, en el caso de *Los
versos satánicos*. Un autor que busca la verdad ha sido
condenado a muerte por una jerarquía eclesiástica
cuya inseguridad es disfrazada por su pretensión de
poseer la verdad. Sin embargo, los ayatolás le han
hecho un gran servicio a la literatura, si no al Islam.

Han rebajado y caricaturizado su propia fe. Pero han fijado la distraída atención del mundo en el poder de las palabras, de la literatura y de la imaginación, de maneras totalmente imprevistas en la filosofía de Jomeini.

Porque la intolerancia de los ayatolás no sólo ilumina la obra de Salman Rushdie. Al denunciar la imaginación del autor como algo tan peligroso que merece la pena capital, los sectarios han obligado a todos, en todas partes, a preguntarse qué cosa puede decir la literatura que resulta tan poderoso y, también, tan peligroso.

En un famoso comentario, Philip Roth distinguió una vez entre las reacciones políticas que la literatura podía provocar. En los regímenes totalitarios, dijo Roth, todo importa pero nada se vale. En las democracias liberales, en cambio, nada importa y todo se vale. Repentinamente, *Los versos satánicos* han empujado el «nada se vale» de la intolerancia al centro de las plazas públicas de la indiferencia democrática. Súbitamente, todos se dan cuenta de que todo importa, se valga o no.

No creo que haya un solo escritor inteligente en el mundo que no se sienta amenazado por las posibilidades tan melodramáticamente abiertas por esta cruzada contra la imaginación. ¿Cree usted que no puede suceder aquí —en las dos Europas, ambas Américas, Asia, África u Oceanía? Pues apueste su último peso, dólar, libra o yen a que sí.

Diciendo lo mismo que Roth, Italo Calvino escribió que cuando la política le hace demasiado caso a la literatura, el signo es ominoso, sobre todo para la literatura. Pero también es malo el signo cuando la política no quiere oír siquiera la palabra «literatura». Esto significa que la sociedad tiene miedo de usar un lenguaje que ponga en tela de juicio las certezas que abriga respecto de sí misma.

En la novela se cruzan destinos individuales y colectivos. Destinos tentativos, inacabados. Pero sólo expresables y mínimamente comprensibles si, previamente, hemos dicho y comprendido que, en literatura, la verdad es sólo la búsqueda de la verdad, y el conocimiento es sólo lo que ambos, escritor y lector, son capaces de imaginar.

No hay otra manera de explorar, libre y fructíferamente, las posibilidades de nuestra humanidad inacabada. Ninguna otra manera de rehusar la muerte del pasado, haciéndolo presente en la memoria. Ninguna otra manera de darle vida efectiva al futuro, manifestándolo en nuestro deseo, hoy.

Que estas actividades esenciales del espíritu humano sean negadas en nombre de un dogmatismo ciego aunque omnisciente, paralítico aunque activamente homicida, es una farsa pero también un crimen. Salman Rushdie le ha hecho un servicio al verdadero espíritu religioso al imaginar, con brillo, las tensiones y complementos de la religión con el espíritu secular.

El humor, desde luego, no falta, no sólo porque la carcajada es la mejor arma contra la solemnidad sectaria y sus pretensiones históricas, «objetivas» y «realistas». No hay lenguaje contemporáneo que pueda decirse sin un sentido de la diversificación del mismo lenguaje. Cuando todos nos entendíamos, la literatura épica fue posible. La novela nace cuando ya no nos entendemos porque el lenguaje ortodoxo se ha resquebrajado. Imponer un lenguaje unitario es matar a la novela, pero también es matar a la sociedad.

Todo esto se entiende mejor después de lo ocurrido a Salman Rushdie y sus *Versos satánicos*. La ficción no es una broma. Es una manifestación de la diversidad cultural, personal y espiritual de la humanidad. No puede manifestar esta diversidad si sólo manifiesta una verdad. Es un anuncio del mundo multipolar y multicultural que se avecina. En él no habrá filosofía única, fe única o solución única que pueda sacrificar la riqueza extrema de las culturas humanas. Nuestro futuro depende de la creciente libertad de lo multirracial y lo policultural para manifestarse en un mundo cuyos centros de poder decaen, se transforman y emergen en nuevas constelaciones.

Salman Rushdie le ha dado forma artística a un dilema previamente encarnado, a niveles diversos, en el Occidente, por las novelas de Bernanos, Mauriac y Camus, así como por las películas de Bergman, Fellini y Buñuel.

¿Podemos rebelarnos de regreso a lo sagrado? ¿Puede florecer la mentalidad religiosa fuera de la jerarquía y el dogma religiosos? Son estas cuestiones esenciales para cualquier idea de la libertad. Pero las cargas de la libertad, como bien lo sabía el Gran Inquisidor de Dostoievski, pueden ser más pesadas que las cadenas de la esclavitud. *¡Vivan mis cadenas!*, gritaban los patriotas españoles pintados por Goya, mientras sus libertadores revolucionarios, los soldados de Napoleón, los fusilaban. Y, en otra dirección, Georg Büchner proclamó en su drama de la Revolución Francesa, *La muerte de Dantón*, que puesto que Dios ya no existía, la humanidad era desde ahora responsable de su propio destino y no podía trasladar las responsabilidades fuera de la humanidad misma.

La edad moderna, al abrirle las puertas así a la libertad para el bien como a la libertad para el mal, nos colocó a todos en la obligación de relativizar ambas libertades. Pero el nombre de la libertad relativa no es virtud, es valor. La mala literatura se queda al nivel de la virtud. Es un melodrama de buenos contra malos. La buena literatura asciende al nivel de los valores en conflicto. Esto es lo que Salman Rushdie ha hecho en todas sus grandes novelas: *Los hijos de la medianoche*, *Vergüenza* y, ahora, *Los versos satánicos*.

El hecho de haber dramatizado este conflicto dentro de la cultura islámica no nos exime a los demás, dentro de la tradición judeocristiana, de mirar las fuentes de nuestra propia intolerancia o de darnos cuenta de nuestros propios límites, cuando nuestros propios símbolos chocan conflictivamente.

Muchos artistas en Iberoamérica han sido silenciados o «desaparecidos» por no sujetarse a la verdad oficial. Jean Luc Godard en Europa y Martin Scorsese en los Estados Unidos han sido atacados por explorar seriamente en la fe católica lo que Rushdie explora en la fe del islam: las combinaciones, las posibilidades, los espectros detrás de los dogmas. ¿Cuáles son los límites? ¿Qué ocurre si un escritor judío imagina a Anne Frank como una joven prostituta? La intolerancia guadalupana se ha manifestado, más de una vez, en México. Un cómico fue silenciado otra vez por burlarse de don Benito Juárez. El desacato sigue siendo barrera infranqueable en muchos países latinoamericanos.

Lo alarmante de la experiencia de Salman Rushdie en su encuentro con la intolerancia es que ha revelado una alianza latente entre la cobardía comercial y el sectarismo fundamentalista. Si los libreros y editores sucumben ante las amenazas de terroristas y los fanáticos de toda laya descubren su fraternidad sectaria, sea ésta musulmana, cristiana o judía, los márgenes de la libertad en nuestro mundo se encogerán rápida y aterradoramente.

Por todo ello, la defensa de Salman Rushdie es una defensa de nosotros mismos. Es un orgullo decir que Rushdie nos ha dado a todos mejores razones para comprender y proteger la profesión literaria al nivel más alto de la creatividad, la imaginación, la inteligencia y la responsabilidad social.

1990

II. *Carta a Salman Rushdie*

Querido Salman:

La última vez que nos vimos, hace un año, cenamos juntos en casa de una admirable amiga y escritora inglesa en un suburbio de Londres. No podemos, sin embargo, mencionar su nombre. La expondríamos, quizá, a la furia criminal de tus perseguidores.

Este solo hecho basta para calar la hondura sin esperanzas a la que nuestra voluntad y nuestro amor pueden ser condenados por el fanatismo y la intolerancia crecientes de este fin de siglo: No podemos mencionar a la amiga que nos brindó exactamente lo contrario de estas plagas: la inteligencia y la hospitalidad.

Tu caso, sin embargo, es más nuestro que otros martirios impuestos más o menos directamente a escritores y artistas en nuestro siglo. En nombre de la ideología o de la razón de Estado otros escritores han sido perseguidos, encarcelados, asesinados, orillados al suicidio.

Todos ellos, escandalosa paradoja, fueron víctimas de las filosofías del progreso, de las perversiones de la ilustración y el romanticismo. Tú eres —lo previste, lo encarnaste— la primera víctima del vacío dejado por las filosofías del progreso y ocupado por los ritos resurrectos de las tribus y los ídolos.

La verdad de Nietzsche se ha cumplido: La felicidad y la historia rara vez coinciden. Tú no has dicho, para todos nosotros, otra cosa en tus alegres y melancólicos libros. Pero el fanatismo interesado que te ha negado el derecho a vivir y escribir en libertad ya no lo hace en nombre del progreso, sino del atavismo religioso, el fundamentalismo y la intolerancia que han pasado a llenar, vigorosa aunque confusamente, los espacios liberados por las ideologías en retirada de la guerra fría.

Esto es lo que te amenaza: El regreso de los sacerdotes, aprovechando perversamente la necesidad de un imaginario colectivo, de un sustento ético y una misión trascendente en un mundo que no puede contentarse con la pobreza de la riqueza: la filosofía, como acaba de decirlo en México Michelangelo Bovero, del supermarco y el supermarket.

Te has convertido en la última víctima del siglo XX, pero también en la primera del siglo XXI. Heredas el dolor de Ossip Mandelshtam, de Walter Benjamin y de Richard Wright, pero anuncias el de todas las víctimas, inevitables víctimas si tú no dejas de serlo, de los ayatolás del tiempo por venir.

¿Qué hacer sino acompañarte, buscarte, pensarte, querido Salman?

Algo más: leerte.

En la lectura de tu obra está la clave de tu posible defensa, de tu salvación y de la nuestra. Pues hay una amenaza aún más insidiosa que la terrible sentencia de muerte que se suspende sobre tu vida. Es la sentencia del tedio y del olvido.

Kafka relata un mito de Prometeo en el que los dioses, las águilas y hasta el propio Prometeo, se olvidan de Prometeo. «Los dioses se aburrieron; las águilas se aburrieron, la herida se cerró, fatigada».

Tus verdugos apuestan a lo mismo. Que el mundo te olvide. Que el mundo se canse de ti. Y que tú canses al mundo, cayendo en el vicio de muchos seres perseguidos. La autocompasión, el lamento...

Tu obra y tu vida se rebelan contra un final en el que, como el mundo de T. S. Eliot, todo termine, «not with a bang but a whimper». El *bang,* el estallido de tu obra, es incansable, amotinado, permanente, porque anuncia la gran realidad, el gran drama pero, acaso, también, el gran júbilo del tiempo futuro: El encuentro con el extranjero, con el hombre o la mujer de otro credo, otra raza, otra cultura, que no son como tú y yo, pero que nos completan y nos revelan quiénes somos tú y yo.

Tus *Versos satánicos* no son la caricatura propalada por los ayatolás. En la modulación inmensa de tu escritura dialógica, todas las voces se dejan escuchar, pero ninguna de ellas monopoliza o privilegia el verbo. «Islam» no es el blanco de tu novela. Todo lo contrario. En tus páginas, una cultura islámica viva, es decir, crítica e imaginativa, se integra conflictivamente, con el humor y la duda propias de la literatura, a un mundo «planetario» que la ve con sospecha o desprecio.

El «antislamismo» no es el tuyo; es el de la llamada «aldea global» en la cual tú has situado tu gran obra. Esto es lo importante: Eres el primer novelista de la aldea local en su odisea hacia la aldea global. Tus personajes, sin solución de continuidad, pasan del rito chamánico a la mesa redonda de televisión, de la Virgen de las Mercedes al Mercedes Benz, de la masa de maíz al Corn Flakes y de los foros cinematográficos de Bombay a la teatralidad forense de Londres. Caen sin transición desde un jet, disfrazados aun con sus máscaras de dioses-elefante.

No caen en Londres, realmente.

Caen en el cementerio de los espejos rotos, los espejos del extraño, la víctima, el negro y el indio, el judío y el palestino, la mujer y el niño, el homosexual, el comunista víctima de McCarthy y el demócrata víctima de Stalin... o, quizás, en realidad, el comunista víctima de Stalin y el demócrata víctuma de McCarthy.

Como todo gran escritor, tú has venido a recordarnos que necesitamos al extraño para completarnos a nosotros mismos. Tú nos dices que nadie, por sí mismo, puede ver la totalidad de lo real. Y que sólo somos únicos porque existen otros, diferentes de nosotros, que con nosotros ocupan el lugar y la hora del mundo.

Espero que muy pronto nos volvamos a ver, para hablarte de toros y oírte hablar de críquet, compartir nuestras filias y fobias, y poder decir en voz alta dónde estamos, en qué hora y con quiénes.

Un abrazo de tu amigo,

Carlos Fuentes

1992.

Geografía de la novela

Regreso al punto de partida. Entre la Ilustración y el Romanticismo, Goethe propuso la idea de una «literatura mundial» que, generosamente, abarcase las múltiples facetas de la creación literaria, más allá de los estrechos límites nacionales. Goethe mismo fue el último respiro del «hombre renacentista», igualmente interesado, si no versado, en todas las actividades del espíritu, en consonancia con el ideal clásico de Terencio: «Nada humano me es ajeno». Sin embargo, la época de Goethe, el espíritu de su tiempo, difícilmente autorizaba una visión cultural verdaderamente universalista. Quizás Goethe hubiese coincidido con la filosofía histórica de Vico: la lengua es el origen de la civilización y ésta es dicha y luego portada por todas las culturas humanas. Pero el mundo de la Ilustración limitó la cultura, y aun la naturaleza, humanas, a un solo centro que era el europeo. Hume y Locke proponen que la naturaleza humana es siempre una sola y la misma para todos los hombres, aunque escasamente desarrollada en niños, dementes y salvajes (Locke). Es decir: la verdadera naturaleza humana, en su grado más alto de desarrollo, se localiza en Europa y en las élites europeas. Sólo Europa es capaz de vivir históricamente, escribe el romántico alemán Herder. ¿Cómo es posible ser persa?, se pregunta un personaje de Montesquieu. América, pontifica Hegel, es un *Aún No*.

Hay que añadir a esta complacencia dos siglos de historia, dos guerras mundiales, varios nombres trágicos —Auschwitz, el Gulag— para llegar a lo que Baudrillard explica como una conclusión del futuro. Todo ha ocurrido ya. Lyottard extiende esta idea a una conclusión narrativa: se han agotado las «metanarrativas de la liberación occidentales». Pero, por otra parte, ¿no es cierto también que al lado de esta «narrativa» agotada, han aparecido, con vigor y nitidez creciente, numerosas *polinarrativas* originadas en los antiguos confines de lo que la centralidad europea juzgaba excéntrico: la «Persia» imposible de Montesquieu, el «Aún No» americano de Hegel, el «salvajismo» africano de Locke?

Al antiguo eurocentrismo se ha impuesto un policentrismo que, si seguimos en su lógica la crítica posmodernista de Lyottard, debe conducirnos a una «activación de las diferencias» como condición común de una humanidad sólo central porque es excéntrica, o sólo excéntrica porque tal es la situación real de lo universal concreto, sobre todo si se manifiesta mediante la aportación de lo diverso que es la imaginación literaria. La «literatura mundial» de Goethe cobra al fin su sentido recto: es la literatura de la diferencia, la narración de la diversidad, pero confluyendo, sólo así, en un mundo único, la superpotencia mundo, para decirlo con un concepto que conviene a la época después de la guerra fría.

Un mundo, muchas voces. Las nuevas constelaciones que componen la geografía de la novela son variadas y mutantes. Podemos verlas desde un ángulo lingüístico. El más llamativo es el de la lengua inglesa. *The Empire Writes Back*: de las antiguas colonias británicas proviene la imaginación novelesca que le devuelve su vigor a la literatura insular. La sinuosa y sorprendente variedad de este fenómeno es evidente en su mera enumeración. Desde Nigeria, y en inglés, escriben Chinua Achebe y Ben Okri y desde África del Sur, Nadine Gordimer, J. M. Coetzee y Breyten Breytenbach. Desde la India, Anita Desai y N. K. Narayan y desde Pakistán, Salman Rushdie. Son australianos Peter Carey y David Malouf, y canadienses Robertson Davies y Margaret Atwood. Lo es también Michael Ontdaatje, sólo que el espléndido autor de *El paciente inglés* llega a Canadá desde Sri Lanka, como a la propia Inglaterra llega desde el Japón Kazuo Ishiguro, no sólo para recordar magistralmente el pasado japonés en *El artista del mundo flotante*, sino para penetrar como no lo ha hecho nadie, haciéndolo estallar, el lugar común británico de la casa de campo y el mayordomo (el *butler*, el caballero del caballero) en *Los restos del día*. En manos de Ishiguro, el *clisé* del humor británico, fijado en la figura de Jeeves, el mayordomo de las comedias de P. G. Woodehouse, se convierte en una figura trágica: es la calca de sus amos, que a su vez son captados, entre Múnich y Suez, en pleno delito de irresponsabilidad política y social.

Indicaba, al hablar de Julian Barnes, que el relativo vigor de la nueva novela inglesa (el propio Barnes, Swift, McEwenn, Ackroyd, Chatwin) resulta incomprensible fuera de este concepto infinitamente ampliado del dominio literario anglófono, cuyo contraste y complementariedad universal se hace aún más evidente en el Caribe: un novelista como V. .S. Naipul, originario de Trinidad, o un poeta como Derek Walcott, nacido en Santa Lucía, emplean la lengua para universalizar lo que hace

medio siglo era aún una situación colonial marginada. Ellos mismos universalizan a la lengua inglesa como una experiencia humana, imaginativa,
diversificada, sin la cual aquélla, indudablemente,
se hubiese empobrecido.

Hablo del Caribe y, al lado de Walcott y
Naipul, encuentro a los escritores francófonos,
Aimé Cesaire de la Martinica, Edouard Glissant de
la Guadalupe y René Depestre de Haití, sin los cuales, igualmente, no se podría hablar de una universalidad de la literatura en francés. Pero hay más: el
Caribe ha sido mar de encuentros y su literatura
una corriente del espíritu que fluye del Mississippi
al Orinoco, y en la cual nadan peces de todos los
colores y todas las lenguas, desde William Faulkner
en Nueva Orleans hasta Gabriel García Márquez en
Cartagena de Indias, pasando por Alejo Carpentier
en La Habana, Jean Rhys en Dominica, Luis Rafael
Sánchez en San Juan de Puerto Rico, Arturo Uslar
Pietri en Caracas, Jacques Roumain en Puerto
Príncipe, y los ya mencionados Naipul y Walcott,
Cesaire, Glissant y Depestre.

Geografía de la novela: no habría novela de
los EE UU sin la narrativa sinoamericana de Amy
Tan, o la narrativa mexicoamericana de Sandra Cis-
neros, o la cubanoamericana de Cristina García. No
la habría sin la literatura indoamericana de Louise
Erdrich o la literatura afroamericana de Toni Morrison. A propósito, le doy a esta enumeración otra
calidad: la escriben mujeres. Pero la escriben como
escritoras.

Existe otra manera de concebir una familia
literaria, más allá de los límites nacionales. Salman
Rushdie, García Márquez, Goytisolo, Borges, unen

tres continentes mediante una común descendencia del relato indostano y arábigo: este es el techo común de *Hijos de la medianoche*, *Cien años de soledad*, *Makbara* y *El acercamiento a Al Mutasim*.

Nada de esto es (o debería) ser novedad para un escritor de la América española. El intercambio atlántico de nuestra literatura es tan viejo como el *Diario de a bordo* de Colón, y nuestros primeros escritores en castellano son los exploradores, conquistadores y recopiladores de Indias. La espléndida serie de crónicas americanas de Historia 16 suma ya más de cincuenta tomos que relatan el nacimiento de una civilización indoafroiberoamericana, de California a Chile en su vertiente pacífica, y del Río de la Plata a la Florida en su vertiente atlántica. Pero Juan Tomás de Salas, el creador de la colección, se ha tomado el cuidado de incluir también los grandes testimonios de la literatura precolombina y los primeros testimonios de la crónica mestiza del continente. Ambos se dan la mano en la espléndida *Nueva Crónica* del indígena peruano Guamán Poma de Ayala, un libro ilustrado que reivindica y libera una literatura de tradición oral y visual, más allá de lo que Walter Mignolo llama «la tiranía del alfabeto».

El Premio Nobel de Literatura al gran poeta antillano Derek Walcott ha puesto de manifiesto que una lengua occidental puede servir perfectamente para transmitir una imaginación de origen americano y africano, enriqueciendo a todos los factores de la ecuación. Walcott usa la figura de Otelo para imaginar a África como una «vasta sombra en desliz que con su duda parte al mundo en dos». El poeta, entonces, emprende un viaje a través del silencio, creando símbolos oscuros con su pluma en las huellas de la nieve. Trata de alcanzar «su» mediodía. Quisiera compartirlo con todos.

Pablo Neruda, en una hermosísima página de su autobiografía, le canta así a la lengua española: «Qué buen idioma el mío, qué buena lengua heredamos de los conquistadores torvos... Éstos andaban a zancadas por las tremendas cordilleras, por las Américas encrespadas, buscando patatas, butifarras, frijolitos, tabaco negro, oro, maíz, huevos fritos, con aquel apetito voraz que nunca más se ha visto en el mundo... Todo se lo tragaban, religiones, pirámides, tribus, idolatrías iguales a las que ellos traían en sus grandes bolsas... Por donde pasaban quedaba arrasada la tierra... Pero a los bárbaros se les caían de las botas, de las barbas, de los yelmos, de las herraduras, como piedrecitas, las palabras luminosas que se quedaron aquí resplandecientes... el idioma... Salimos perdiendo... Salimos ganando... Se llevaron el oro y nos dejaron el oro... Se lo llevaron todo y nos dejaron todo... Nos dejaron las palabras».

Pues al lado de las armadas de tesoro americano que España se llevó de México y Perú a Cádiz y Sevilla, la América española envió de regreso, desde el principio, sus propias carabelas cargadas de oro verbal. No sólo las crónicas que ya he mencionado (la de Bernal Díaz del Castillo y la conquista de México, la más impresionante de todas), no sólo la transfiguración épica de conquistas a menudo brutales (*La Araucana* de Ercilla), sino influencias literarias decisivas del continente americano a España y a Europa: el teatro del mexicano Juan Ruiz de Alarcón, oriundo de la ciudad minera de Taxco, cuya *Verdad sospechosa* es no sólo el modelo

para *Le Menteur* de Corneille, sino que inaugura la
«comedia de salón», de enredo y puertas que se
abren y se cierran, que reverbera hasta el teatro de
Labiche, el cine de Lubitsch y un título alarconia-
no de Hollywood: *The Awful Truth*, comedia de Leo
McCarey con Cary Grant e Irene Dunne. De Taxco
a Manhattan.

Balbuena, Guevara, Sandoval y Zapata,
pero sobre todo sor Juana Inés de la Cruz, leída y
admirada en Europa, incrementan el comercio verbal transatlántico. Sor Juana, además, es la estrella
de un crepúsculo barroco seguido de una noche verbal para la poesía española, que sólo vuelve a escu-
charse cuando el «elefante sonoro» que es Rubén
Darío la despierta a finales del siglo XIX. A partir
de entonces, Neruda le da a España tanto como
Lorca le da a América, no hay poesía en castellano
sin Vallejo, pero tampoco hay poesía americana sin
Cernuda, aunque el Guillén de allá (Jorge) sea
superior al Guillén de acá (Nicolás).

André Malraux dijo una vez que la era euro-
centrista, que se inició en el Renacimiento, terminó
el día que Nehru y Mao establecieron la independencia de las dos civilizaciones más antiguas y pobladas
del mundo. No hay que olvidar, sin embargo, la
mutación ocurrida dentro de la propia Europa. La
suprema confianza nacida de la Revolución Francesa
y el ascenso de la burguesía industrial y comercial,
no le fue arrebatada a Europa sólo por las dos guerras
mundiales, por Hitler y Stalin, ni siquiera por las
afirmaciones de la antigua periferia que aquí he
mencionado. Sería injusto hablar de una nueva geografía literaria, de un nuevo paisaje de la novela, sin
recordar que Joyce y Kafka, Broch y Musil, Mann y

Proust, Lawrence y los Surrealistas, vieron claramente las quebraduras de la fachada y liberaron a la propia literatura europea, transcendiendo las limitaciones del orden establecido para dejarse caer hasta el fondo mismo de la creación literaria: la poesía, el lenguaje que todo lo liga o religa, el cemento de la verdadera unidad de los diversos. Al cabo, la poesía es el hogar común de la literatura, este y oeste, norte y sur. En ella, lo diverso se une y, a pesar de Kipling, *the twain shall meet*.

Así, la soledad norteamericana de William Styron se reúne con la soledad suramericana de García Márquez; la corrosiva carcajada del futuro en las novelas de Kurt Vonnegut encuentra un eco en la locura serena del pasado en las de Witkiewicz; el luminoso instante de Virginia Woolf se funde con la cascada de los tiempos de Pablo Neruda y toda la literatura, acaso, puede ser vista como la labor de un solo vidente ciego, Homero alias Joyce alias Borges alias un gaucho sin ojos que canta poemas anónimos junto a un fuego apagado en la noche de la pampa.

La geografía de la novela nos dice que nuestra humanidad no vive en la helada abstracción de lo separado, sino en el pulso cálido de una variedad infernal que nos dice: No somos aún. Estamos siendo.

Esa voz nos cuestiona, nos llega desde muy lejos pero también desde muy adentro de nosotros mismos. Es la voz de nuestra propia humanidad revelada en las fronteras olvidadas de la conciencia. Proviene de tiempos múltiples y de espacios lejanos. Pero crea, con nosotros, el terreno común donde los negados pueden juntarse y contarse las historias prohibidas por los negadores.

Los oficiales de la negación quisieran hacernos creer que la vida humana existe sólo aquí y no en todas partes o, como lo dice el título de Kundera que aquí he analizado, *en otra parte*. La literatura se ha vuelto excéntrica respecto a las verdades centrales de la sociedad moderna, porque la literatura es el rito en llamas que introduce a Dios con el diablo y al diablo con Dios. El plumaje angelical crepita y se incendia. Pero los cuerpos diabólicos, también, se convierten en luminosa aureola.

Pues, ¿qué cosa es el escritor contemporáneo sino un persa anímico, un fantasma salido de las barriadas del eurocentrismo para reclamar la humanidad de los marginados, extender las fronteras de toda carne viviente y de toda mente despierta, más allá de los dogmas proclamados y defendidos por las teocracias industriales, y aun preindustriales, que convierten en bufones o mártires a los escritores que le dan la espalda a los altares de luz neón y prefieren mirar al abismo incendiado o a la selva hambrienta o al desierto vacío, proclamando, «Esta, también, es la tierra humana»?

Poblar los desiertos que rodean los oasis de la satisfacción, dar voces al motín del silencio, llenar las páginas en blanco de la historia, recordarnos y recordarles a nuestros contemporáneos que no vivimos en el mejor de los mundos posibles. El novelista ha extendido los límites de lo real, creando más realidad con la imaginación, dándonos a entender que no habrá *más* realidad humana si no la crea, también, la imaginación humana.

Nunca ha sido más cierto lo que digo. Si no queremos sucumbir ante un solo modelo tiránico de existencia, deberemos incrementar la realidad ofreciendo modelos alternativos.

La literatura nos vuelve, por ello, excéntricos a todos. Vivimos en el círculo de Pascal, donde la circunferencia está en todas partes, y el centro en ninguna. Pero si todos somos excéntricos, entonces todos somos centrales.

Nota del autor

«¿Ha muerto la novela?» es el texto que leí al inaugurar la conferencia dedicada a mis libros en los cursos de Verano de la Universidad Complutense en El Escorial, entre el 6 y el 10 de julio de 1992. El texto sobre Borges sirvió de base a la conferencia que dicté para la Sociedad Anglo Argentina en la Royal Academy de Londres el 11 de noviembre de 1991. El ensayo sobre Kundera sirvió de prólogo a la traducción española de *La vida está en otra parte*, publicada por Seix Barral, y las páginas sobre Konrád de prefacio a la traducción inglesa de *El constructor de la ciudad* publicada por Penguin Books dentro de su Biblioteca de la Otra Europa, dirigida por Philip Roth. El capítulo final, «Geografía de la novela», reelabora y pone al día temas que presenté ante el PEN Club de los Estados Unidos en Nueva York en abril de 1974. Los demás trabajos fueron publicados originalmente en *Nexos, Excélsior* y *La Jornada* (México), *El País, Culturas y Cambio 16* (Madrid), *The New York Times* y *The Los Angeles Times* (EE UU de América) *The Guardian* (Londres) y *Le Nouvel Observateur* (París). No he incluido textos sobre la literatura de los EE UU de América ya que preparo un volumen aparte sobre la cultura norteamericana, *Polyanna de noche*, que contendrá ensayos sobre Poe, Melville, James, Faulkner, Chandler, Hammet, Sontag, Styron, Didion y otros narradores.

Este libro
se terminó de imprimir
en los Talleres Gráficos
de Rogar, S. A.
Fuenlabrada (Madrid)
en el mes de noviembre de 1993

LA OBRA NARRATIVA DE CARLOS FUENTES

LA EDAD DEL TIEMPO

I. EL MAL DEL TIEMPO
   1) Aura
   2) Cumpleaños
   3) Una familia lejana

II. TERRA NOSTRA (Tiempo de Fundaciones)

III. EL TIEMPO ROMÁNTICO
   1) La campaña
   2) La novia muerta
   3) El baile del Centenario

IV. EL TIEMPO REVOLUCIONARIO
   1) Gringo viejo
   2) Emiliano en Chinameca

V LA REGIÓN MÁS TRANSPARENTE

VI. LA MUERTE DE ARTEMIO CRUZ

VII. LOS AÑOS CON LAURA DÍAZ

VIII. DOS EDUCACIONES
   1) Las buenas conciencias
   2) Zona sagrada

IX. LOS DÍAS ENMASCARADOS
   1) Los días enmascarados
   2) Cantar de ciegos
   3) Agua quemada
   4) Constancia
   5) La frontera de Cristal

X.   EL TIEMPO POLÍTICO
     1) La cabeza de la hidra
     2) El sillón del águila
     3) El camino de Texas

XI. CAMBIO DE PIEL

XII. CRISTÓBAL NONATO

XIII. EL TIEMPO ACTUAL
     1) Crónica del guerrillero y el asesino
     2) Crónica de una actriz renuente
     3) Crónica de una víctima de nuestro tiempo

XIV. EL NARANJO, o Los círculos del tiempo
     1) Las dos orillas
     2) Los dos Martines
     3) Las dos Numancias